REKIHAKU

特集

カメラ越しの世界

おー

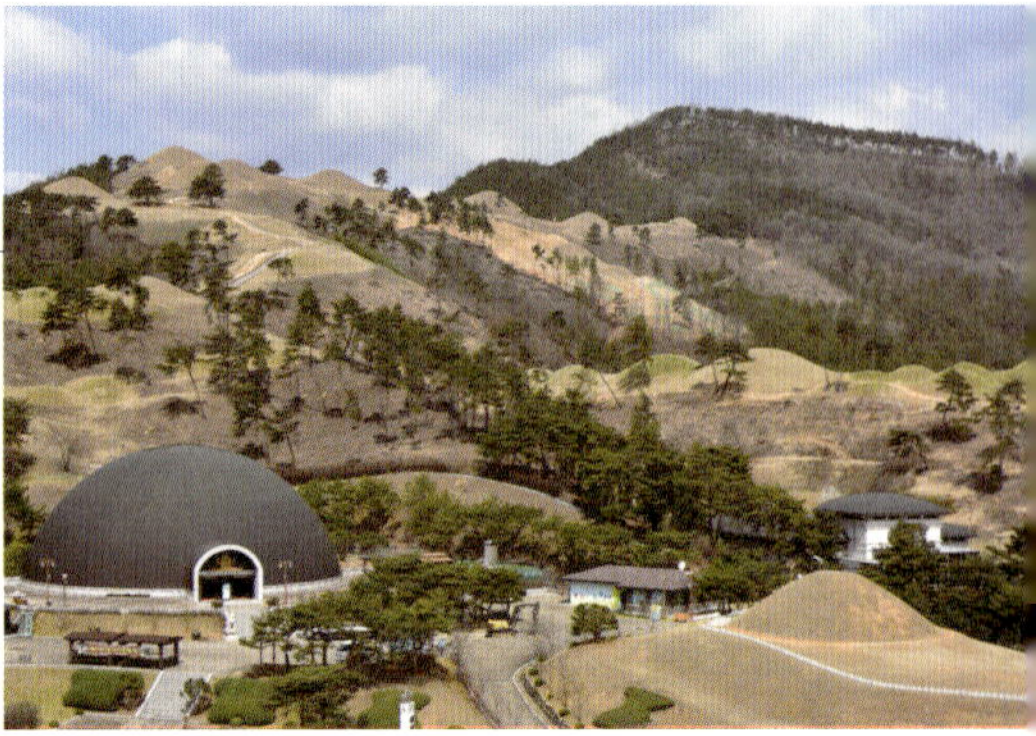

REKIHAKU
CONTENTS

特集

カメラ越しの世界

カメラが発明されてから約二〇〇年になります。日本にもたらされたカメラは、真実を写すものとして、〈写真〉と呼ばれました。かつての写真は、特定の人たちが操作するものであり、対象を記録する主体と撮影される客体との間には、大きな溝がありました。写真で撮ることができるものも、初期においてはかなり限られたものでした。高速で移動する対象や暗い場所は記録しにくく、色彩やディテールが写真で再現されるまでには、長い時間がかかっています。

カメラは感光板からフィルムへ、モノクロからカラーへ、アナログからデジタルへと展開していきます。近年では、一般の人が容易にアクセスし、利用できるツールへと進化しています。携帯電話にも当たり前のように写真機能は組み込まれ、撮影や記録はもちろん、インターネットを通じて家族や友人と共有したり、広く公開したりすることも可能になりました。

同時に写真は、より迫真の現実、より多様な現実、より未知の現実を記録し、表象するために発達してきました。写真を通して私たちは、自分では見たことのない、あるいは見ることができない遠い世界の出来事や現象を現実として捉えるようになったのです。写真のなかには、時には現実としては受け入れがたいものであったり、逆に現実であると錯覚させたりするものもあります。画像のデジタル化や加工技術の発達によって、現実とフィクションの境界は、ますます曖昧なものとなっています。その意味で私たちは、写真を正しく読み取るためのリテラシーを今、必要とされているのです。

この特集では、博物館や研究分野における写真をめぐる今日的な課題と意義を、主に資料としての写真、道具としての写真、そして表現としての写真という側面から迫っていきます。

資料としての写真では、博物館やアーカイブズ研究の立場から過去の写真資料の保存の問題について検証します。劣化したネガの保存の問題や、アナログの資料をデジタル化することで写された内容を保存する際の可能性と課題について取り上げたいと思います。道具としての写真は、未知の場所でのフィールドワークやジャーナリストによる現場写真の特質、記録された写真の特徴について考えていきます。記録された画像を地域社会に還元することで、写真に写された当時の記憶や背景を呼び起こすためのツールとしての写真にも注目していきます。最後に表現としての写真では、歴史的社会的な出来事を記録する写真の意義、撮る／撮られるという写真資料にまとわりつく非対称的な関係性を問い直す試み、さらには写真資料を基礎としつつ、歴史資料や美術資料を再現する実践について検討していきます。

もっとも、ここで取りあげる写真の特質は、調査・研究の現場や博物館の展示において、重層的に関わり合うものです。各々の論考では、写真の特質の一つだけを扱うのではなく、それらが重なり合って生じる課題や可能性を提示してもらいます。そこから私たちの日常に溢れる写真の奥行きに、もう一度、目を凝らしていただければと思います。

（川村清志）

特集対談

写真は何を物語るのか

——MINAMATA・アジア・食——

カメラが発明されて200年——
カメラと人との付き合い方はさまざまな局面を迎えてきた
1970年代からさまざまなフィールドで撮影を続けてきた
カメラマン森枝卓士氏に、その足跡とともに
カメラによる表現の可能性を聞いてみた

川村清志（国立歴史民俗博物館）

森枝卓士（写真家・ジャーナリスト）

天体少年、ユージン・スミスと出会う

川村 今日は写真家の森枝卓士さんにお越しいただいて、この数十年間のカメラと人との付き合い方についてお聞きしたいと思います。

森枝さんは、一九七〇年代から東南アジアを起点に世界中を巡ってこられました。タイのゴールデントライアングル（麻薬ケシの栽培地域）やカンボジアのクメール・ルージュ［❶］の取材にも行っておられます。同時に森枝さんは、地域の食文化についてのフィールド研究にも深くコミットされておられます。『カレーライスと日本人』（講談社学術文庫、二〇一五年）というロングセラーをご存知の方も多いと思います。食文化への関心は大学時代に専攻された文化人類学の視点やフィールドワークの方法論が背景にあるのだろうと思います。森枝さんとカメラの原点の一つが、故郷である熊本県水俣市《みなまたし》でアメリカのカメラマン、ユージン・スミスさん［❷］との出会いがあったとうかがっています。彼は、のちに水俣病患者の写真集『MINAMATA』［❸］を出版することになるわけですが、その現場に森枝さんはおられたわけです。また、近年では、写真を用いた食材についての絵本を精力的に出版しておられます。

今日は、カメラを仕事にされるきっかけにはじまり、現場＝フィールドにおける写真の技術、アナログからデジタルへのカメラの変化、そしてカメラによる表現の可能性などについてうかがっていきたいと思います。まずは森枝さんが写真家を志したきっかけを教えていただけますか。

森枝 天体少年だったんですよ。

川村 すいません、全く知りませんでした。

森枝 中学生の時に天体望遠鏡を買ったんです。それで星や月の写真も撮りたいと思って、家にあったカメラで撮

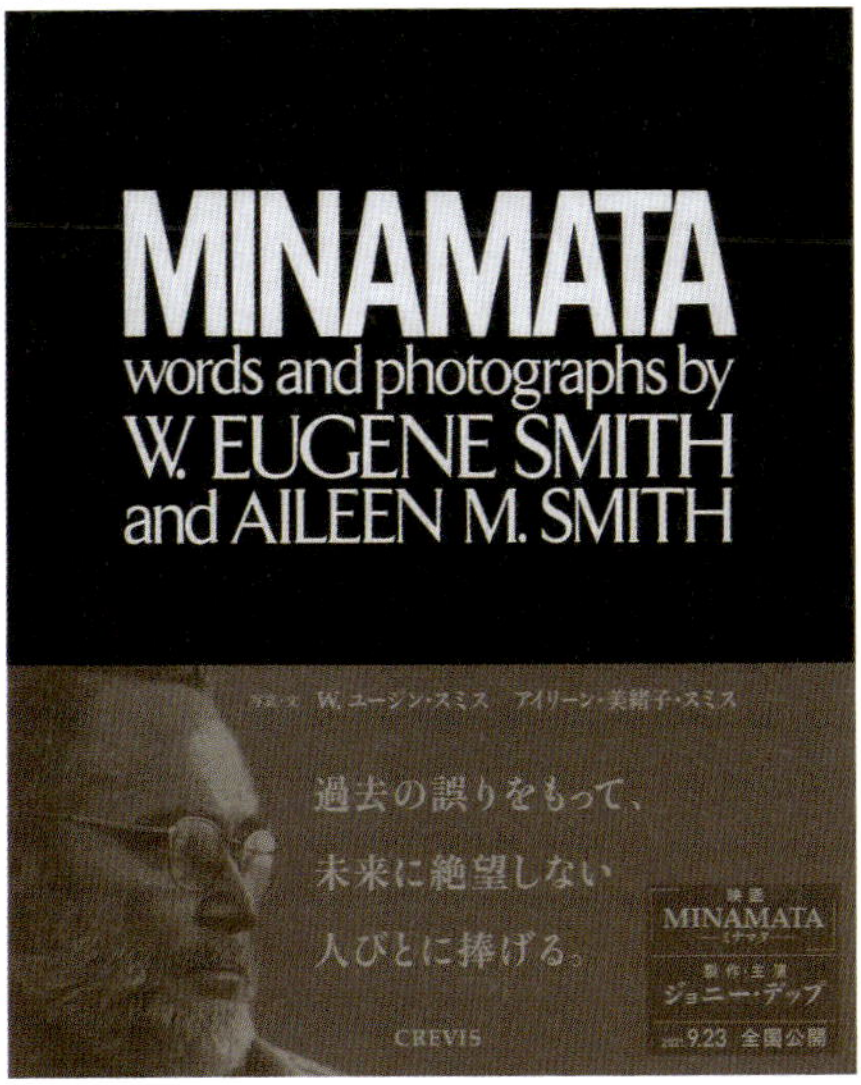

❸『MINAMATA』（Crevis、2021年。初版は三一書房、1980年）

❶クメール・ルージュ…1960年代以後のカンボジア内戦における共産勢力をさし、特に極端な共産主義化と独裁政治を推し進めたポル・ポト派をさすこと多い。

❷ユージン・スミス…William Eugene Smith、1918-1978。アメリカの写真家。ユージン・スミス、アイリーン・M. スミス 著、中尾ハジメ訳『写真集 水俣』（三一書房、1980年）がある。

影しました。機種まで覚えてますが、ミノルタのV2（一九五八年）というカメラでした。レンズ交換もできない、露出計も付いてないカメラで、それだと望遠鏡にくっつけて星が撮れない。厳密にはできないことはないけれど、設定が大変で。一眼レフであればくっつけてピントを合わせて撮れるんです。それで一眼レフが買いたくて、お年玉とかをかき集めて、今でも忘れませんけど、Petri（ペトリ）のPetri V6（一九六五年）を買ったんです。それが当時一番安い一眼レフでした。ほかの一眼レフは大卒の初任給よりも高かったんですよね。それで星の写真を撮っていました。

　そのころに私が住んでいる水俣に偉いカメラ使いが来たという話を耳に挟んで。雑誌か何かで見たんですが、ユージン・スミスが日本に来て、「LET TRUTH BE THE PREJUDICE」（真実こそわが友）っていうタイトルの写真展をやったんです［❹］。そのために彼が来日して、そのまま残って水俣の取材に行ったんです。僕が高校一年生の時でした。物おじもせず会いに行ったんですよ。後になって思うと、それこそサッカー選手のメッシが近所に来た感じですよね。

川村　天上人ですよね。

森枝　すごい人だというのは後で知りました。会いに行ったら、そのメッシは優しい人でした。ユージンは『MINAMATA』という写真集の取材のために来ていたんですよね。その時、私は出水《いずみ》高校という、ツルが来ることで有名な出水市にある高校に行っていました。水俣とちょうど県境を越えた鹿児島県側なんです。ユージンたちが住んでいた水俣病患者の多発地帯は、ちょうどその中間の県境の辺りなんです。普段は電車で行き来したんですけど、寄る時にはバスで会いに行って。時々カメラを担いで歩くこともやりました。私の親は加害企業のチッソ［❺］に勤めているから、隠れてでしたけど。手伝いというほどになったかは知りませ

MORIEDA Takashi　1955年熊本県生まれ。大正大学客員教授。著書に『料理すること―その変容と社会性』（編著、ドメス出版、2013年）、『考える胃袋―食文化探検紀行』（共著、集英社、2004年）など。

❹LET TRUTH BE THE PREJUDICE…1971年9月3日～15日まで、新宿小田急百貨店で開催された。
❺チッソ…チッソ株式会社。水俣病の原因となった有機水銀を含む廃液を流した。

ん。天体少年だったので、当初は天文学者になるために一応コースとしては京都大学理学部に行って、とか思ってたんですけど。

川村 当初の予定はあったんですね（笑）。

森枝 当初の予定は（笑）。天文学者になるはずが、ユージンに出会ってからジャーナリズムとか写真を撮ることに興味を持って、そちらに深く行くことになってしまいました。

大学学部時代にはじめた写真の売り込み

森枝 ユージンのパートナーのアイリーンと裁判記録を読んでいた時に、朝日新聞の水俣駐在の記者が来たんです。三人で雑談している時に、新聞社の人はどこの大学が多いのか聞いたんです。早稲田とか東大が多いけれど、そういえば国際基督教大学（ICU）もいるなと彼が言っていて。たまたまそういう話をして、アイリーンが近くのアメリカンスクールに行っていたこともあって、あそこはおもしろい大学よと。それで調べて行くことにしました。水俣では「牧師さんになるの?」って言われました。

川村 当時でしたら言われますよね。それで文化人類学を専攻されたんですよね。

森枝 当時は本多勝一の『極限の民族』三部作の時代ですから［❻］。これに影響されて文化人類学に行った人は多かったと思います。なので、調査に行って、写真を撮ってということを大学のうちからしていました。アルバイトでお金をためてはインド、ネパール、韓国、アメリカへ行ったりして。アメリカではユージンのところに夏休みに行って居候してました。

川村 大学の頃も交流されていたんですね。

森枝 交流というか、居候（笑）［❼・❽］。英語はできなくちゃいけないし、できたら他の言語もみたいなことと、

KAWAMURA Kiyoshi 1968年奈良県生まれ。国立歴史民俗博物館准教授（文化人類学・民俗学）。映像などに『明日に向かって曳け』（民俗研究映像、2016年）、「民俗文化資料のデジタルアーカイブ化の試み」（『国立歴史民俗博物館研究報告』214、2019年）など。

❻三部作…『カナダ・エスキモー』（1963年）、『ニューギニア高地人』（1964年）、『アラビア遊牧民』（1966年）。いずれも朝日新聞社。

人類学的な素養とか歴史の素養がある程度必要なことを思うと、ICUはいい大学でした。ICUでは人類学の佐藤信行、青柳清孝先生の他に、武田清子先生［❾］にもお世話になりました。

川村　そうかICUにおられたんだ。

森枝　僕らは本名で「長《ちょう》先生」と呼んでました。武田は旧姓です。ペンネームとしてはそのままでしたけど。長先生が『世界』に論考を連載していたころ（のちに『天皇観の相克　一九四五年前後』岩波書店、一九七八年としてまとめられる）に、僕がインドで撮ってきた写真を見て「あなた、私『世界』の編集長に電話しておいたから、写真を見せに行きなさい」と言ってくださって。それが写真を売り込みに行った最初です［❿］。

川村　学部生の頃から。

森枝　さすがに『世界』はそんなに甘くはなかったですけど。そうこうしながら、マイナーな雑誌には大学の頃

❼羽田空港にて、帰国前のユージンと（1974年）

❽アメリカ・ニューヨークのユージン宅にて（1976年、撮影：森枝卓士）

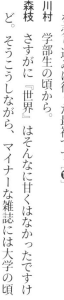

⑩インド・デリーにて。大学生の頃にあちこちを放浪して撮影していた（撮影：森枝卓士）

から掲載されました。当時は総会屋雑誌というのがいっぱいあったんです。スポンサーは総会屋で、総会屋がメディアを持ってるぞって企業を脅すためのもので、そういうところにインドで撮ってきた写真とかを持っていったら載せてくれて。メジャーなところと比べると安かったけれど、それでもページ一万円で、八ページで八万円とかもらえて。これで食っていけるんだって能天気なことを思ったのが、間違いの始まりでした（笑）。

川村 時代が違うなと改めて思います。

森枝 写真だけでなく文章も書くようになりました。毎月一つ二つ、連載でも単発でもやって、それなりに取材費を出してくれるなら食べていける。普通のサラリーマンの月給分ぐらいは一本のストーリーで稼げました。今は無理でしょうね。

川村 ええ。

森枝 『週刊宝石』というのがあって、ページ五万で八ページとかでした。それはカメラマンと物書き両方合わせてですけど、私は

⑨武田清子…1917-2018。思想史学者。国際基督教大学名誉教授。本名・長清子。

一人で両方やってましたから。それ一本で月四〇万です。もちろん他にも何かやるから食えたんです。取材費は全部はともかく、ある程度は出してくれたから、やれてたんですよね。

大学卒業後、ラオスにて

森枝　学生の時からそうやって売りこみに行ったりしていましたが、ベトナム戦争［⓫］が終わった一九七五年は大学生だったんですけど、卒業した一九七八年に、ベトナムに支援されたグループとポルポト派との内戦がはじまりました。たまたまその頃、ラオスのナムグムダムっていう、かつて日本の援助で作られたダムの修理プロジェクトで、屋根のふき直しに業者が行く話があるのを知人に「お前いろんな国に行くの好きだろう」と紹介されて、一日職人の修行をして行ったんです。

川村　ラオスが社会主義国となり、かなり入国が制限されるようになった後ですよね。

森枝　そうです。それで職人ですって顔をして行って、一カ月ぐらいそこで働いて、帰りの飛行機がバンコク経由だったんで、バンコクに残りました。国際線オープンチケットだったので。それでバンコクに住み着いて、とりあえずタイ語の勉強でもしようかと思ったんですけど、朝日新聞の支局に遊びに行ったら、ちょうどいいのが来た、英語ぐらいできるだろうって、カンボジアの国境に行けと言われて行ったんです。身分はストリンガー（stringer）という、要するにリポーター（reporter）の軽い版です。カンボジアの難民が今日はこの辺りにこのぐらい出てきましたみたいなことをずっとやって。そこに先輩カメラマンとか、それこそAPとかロイターとか共

⓬カンボジアの内戦を取材していた1980年頃。クメール・ルージュの少年兵と

⓫ベトナム戦争…1955年にはじまるベトナムの統一をめぐる戦争。南北ベトナムの内戦にアメリカ・ソビエト・中国が加わり資本主義対社会主義の代理戦争になった。

同、時事やら各社の記者がいて、付いて回るのが私の最初の修行となりました。お金をもらってそういうことができたという。そこで撮ってきた写真を日本に帰った時に雑誌に売り込みに行くようになりました。

川村 その時、クメール・ルージュの部隊と一緒に移動されたんですよね。

森枝 ええ、付いて行ったりして。生きてるから話もできますけれど、結構死にましたよ［⑫・⑬］。

川村 森枝さんの場合は、もちろん日本におられた時からのつながりもあるだろうけども、そういう現場で取材に一緒に行きながら、先輩や支局のつながりもつくっていかれたということですね。

森枝 つながりというか、たまたま会った人たちです。カンボジアの一九七五年の陥落の時に、日本人で一人だけ残っていたのが私の大学の先輩だったんですけど、その馬淵直城さんの世話になって。彼がアメリカのＡＢＣのカメラマンでバンコクで働き出した時に、サウンドをやるかみたいな感じで付いて回ったり、アシスタントみたいなことをやったり。あれこれやりながら自分で撮ってる時に、先輩諸氏に、お前そんなとこ行ったら死ぬで、みたいな感じだったんです。

⑬ゲリラが麺を調理している様子。クメール・ルージュの基地を訪ねて撮ったもので、食文化を意識するきっかけとなった（撮影：森枝卓士）

国際政治と食文化

森枝　そういうことをやってるうちに、えらそうに国際政治のことを言いながらも、その土地の人が何を食べているかという基本的なことを自分は知らないなと。そういうことから知らないと、とふと思ったんです。例えば、知り合ったタイ人の家で料理を教わったり、市場に買い出しに一緒に付いて行ったり。タイだけじゃなくて、ビザの都合で時々ビルマに行ったり、シンガポールへ抜けたり、そこで知り合った人たちの家で料理を教わって回って、そこから食のことをやるようになりました［⑭］。

川村　知り合いになって、台所も見せてもらえるようになって、という感じですか？

森枝　台所を見せてもらう関係になるっていうのは、大事なことですもんね。

川村　ですよね。

森枝　屋台などで料理を撮っているだけじゃ、全然見えないですから。ユージンは私にとって写真の先生ですけど、食文化の先生は、石毛直道先生［⑮］です。

川村　石毛先生とはいつ出会われたんですか。

森枝　『食は東南アジアにあり』（弘文堂、一九八四年。後にち

⑭カンボジア・シエムリアップで撮影した台所の様子（撮影：森枝卓士）

くま文庫）という本を書いた後に、おもしろがってくれて、食の文化のフォーラムに呼んでくれて以来です。八〇年代ですね。ナニを食べているかの取材だったのを、食文化に導いていただいたと思っています。

もう一つは、当時はちょうどバブルの日本だったので、ある意味豊かというか、傲慢《ごうまん》というか。アジアのホテルに行ったら、売春観光の日本人のおじさんたちが、土地の娼婦のお姉さんたちをずらっと並べて、一緒にご飯食べてたり。そんなこともあって、文化としての食みたいなこと、アジアのことを知りたいというだけではなく、金持ち国の日本人はどうしても上から目線で近隣諸国を見てしまうけれども、違う価値観で見つめるという、それこそ文化人類学を学んだことは私にとって、とても大きかったと思います。レヴィ＝ストロース［⑯］も大学の時から読んでましたけど、当時はあまり翻訳も出てない段階で。

川村　当時はまだ出てなかったですね。

森枝　上から目線じゃなくて、例えばタイの料理は日本の料理とは違うすごさやおもしろさがあるんだということを学んで、そういうことをちゃんと伝えたいというのが最初の思いです。

川村　その食文化の部分は、森枝さんが近年刊行されている写真えほんの『食べているのは生きものだ』（二〇一四年）『人間は料理をする生きものだ』（二〇二四年）『はじめちょろちょろ 中ぱっぱ』（たくさんのふしぎ二〇二四年四月号）（いずれも福音館書店）のお仕事と一緒に最後にうかがっていきたいと思います。

威圧させない小型カメラ

川村　カメラの活用についてもうかがっていきたいと思います。昔、デジタルをお使いになってからだと思うのですが、森枝さんに、市場で写真を撮って、撮ったものをすぐに向こうの人に見せてあげたら喜ぶんだよとか、そういうお話をされていたと思うんですけれど。

森枝　市場で写真を撮る時にごついカメラを持っていると、相手は身構えます［⑰］。だからリュックの中には何かのために忍ばせておいても、市場でスナップしたりするのは、大きくてもライカぐらい。ライツとミノルタで作った「ミノルタCLE」（一九八〇年）というカメラがあったんです。レンズ交換ができるけど、ライカよりも小さくて手のひらに収まるぐらい。フィルムの時代だと、もうちょっと後にリコーが「GR1」（一九九六年）といった高級タイプの小型のカメラを出してました。

⑮石毛直道…1937-。文化人類学者。国立民族学博物館名誉教授、総合研究大学院大学名誉教授。

⑯レヴィ＝ストロース…Claude Lévi-Strauss、1908-2009。フランスの文化人類学者。

だから、そういう小さいやつで、威圧しないということです。場所によってはわざと大きいのを二、三台ぶら下げていたほうが、プロのカメラマンということで道を譲ってくれる場合もあるけど。市井の人たちの写真の撮り方は、今ならスマホのいいやつで撮るか［⑱］、コンパクトで手に収まるぐらいのものですよ。

川村　ですよね。

森枝　フィルム時代、名人は、例えばスナップ撮る時に三五ミリのレンズを付けているとしたら、画角がこのくらいだというのは体に染み付いている。ここから川村さんを撮ろうとしたら、昔のライカのレンズにはバーが付いてる。あれだと、二メートルだとここまで来たところ

⑰写真機材入れの例。土地によっては露骨に撮影目的とわかるのは避けたほうがよいため、機材入れに入れた上でリュックなどに潜ませる

⑱スマホで撮影したハワイ・ホノルルの屋台（撮影：森枝卓士）

で、というようなことは体で覚えてる。

川村 じゃあ見ないでできるんですね。

森枝 できます。こうやって話していて、人の写真を撮る必要があったら、パシャっと合わせた瞬間にシャッターを押すのが、今のオートフォーカスよりもたぶん早い。木村伊兵衛とか土門拳《どもんけん》のスナップの撮り方はそんな感じです。ここで「うーん」とかやりながら写真を撮ると、相手が身構えちゃうので、そうなる前に撮っちゃう。

川村 逆に言うと、今はそんなに技術のないすべての人間が、木村さんや土門さんレベルの写真がパチパチ撮れるような時代ではあるわけですよね。

森枝 ではありますけど、違うところのテクニックというか、人と面してのコミュニケーションですから、それはなかなか。みんなできたら大変です。食べていけませんよ、カメラマンは。

デジタルになって最後に プロフェッショナルとして残るものは何？

川村 今アナログからデジタルになって、いろんなものが技術的に可能になっていった時に、最後にプロフェッショナルとして残るものって、カメラマンにとっては何でしょう。

森枝 カメラマンとしてというか、例えばジャーナリストだったり学者だったりは、ものの見方とか、固有の技術がバックにあります。すごい画家が年を取ったら、線を三本ぐらいさっさと描いたものでもちゃんと絵になるというのは、背景に若い頃に精密なデッサンをやっていたから、一瞬で特徴を捉えたりできる。それをテクニックと言うのか、技術と言うのかは分からないですけど、そのようなことですかね。

川村 さっきおっしゃったスナップでも、呼吸が合うというか。その場でしか撮れないとか。

森枝 それは技術的な話です。例えばライカにつけるレンズは21mm、28mm、35mm、50mmでした。どれを付けてるとこのくらいの画角とかいうのは、技術的な話です。ただこれが絵になるなとか、おもしろいなとか、そういう構図になってるなというのは、アンリ・カルティエ＝ブレッソン[19]とかユージンもすごかったけど、美術的なセンスの話だと思います。

　それこそ、親御さんが消費されることに耐えられないからもう出さないでといって、いろいろ問題にもなったけど[20]、『MINAMATA』に収録された、患者さん

[19] アンリ・カルティエ＝ブレッソン…Henri Cartier-Bresson、1908-2004。フランスの写真家。

[20] 被写体である上村智子さんのご両親とアイリーンさんの間で今後写真を使用しない旨の誓約書が1998年に交わされた。その後2020年に映画『MINAMATA』でふたたび公開された。

をお母さんがお風呂に入れてる写真（「入浴する智子と母」）。あの写真は、西洋の美術史とか文化史的なことを知ってる人間には、ピエタ像だというのが背景にあって、そういうことを知ってる上でそれに見えることがどうしても必然として、あれが要るんですよ。
　だから、ジョニー・デップの映画（『MINAMATA』）でも、あの写真は封印して欲しいと家族に言われていたのだけど、それが（特に西洋人には）特別な意味がある、響くということで、使ったということがある。逆に言えば、ユージンもそういう美術史的な背景、知識があったから、そういう撮り方をしたということでもあるかな、と。

川村　そうですね、その延長線上の。

森枝　ある種素養というか、そういう話だと思います。

川村　まるでレヴィ＝ストロースと世阿弥の「離見の見」［㉑］みたいな話です。

森枝　そこに繋がるかは、私にはよく分かりませんけれど。

アナログからデジタルへ変わっていくということ

川村　森枝さんの写真がアナログからデジタルに変わったことについておうかがいしたいと思います。

森枝　最初はフルサイズのデジタルカメラってなかなかなかったんです。センサーが高くて、APS-Cセンサーが広まりましたから［㉒］。当初困ったのは、広角系がどうしようもなかったんです。キャノンのデジタルカメラは、一・六倍APS-Cというもので。当初は広角レンズがそろってなかったんです。
　フィルム時代は大変でした。例えば南米に行くのに、アメリカ経由でしか基本的に行けない。特に二〇〇一年九月一一日の後は検査がものすごく厳しくなったから、下手したらフィルムがすぐ感光しちゃう。アメリカなら行った先でコダックのフィルムを買って、あちらで現像して持って帰れば何も問題ないと思いますが、アルゼンチンとかウルグアイに行くのに、あの時はチリだったかな、行った先でプロ仕様のフィルムが手に入るのか、初めて行く時は全然そういうのが分からなかったから、持っていくのは冒険だったんです。何回もそういうことがありました。その前もパリのシャルル・ド・ゴールで乗り換える時に、そこからスペインの田舎へ行くのに、フィルムをX線を通さなかったら乗せないと言われて、ハンドチェックで行かせてくれとけんかしたり。

川村　完全に忘れてました。私もはじめてタイに行く時、

㉑レヴィ＝ストロースと世阿弥の「離見の見」…第三論文集のタイトル『はるかなる視線（原題：le regard éloigné）』（1983年）は世阿弥の「離見の見」に触発されたもの。

㉒フルサイズとAPS-C…センサーサイズ、画角、ボケ具合、ダイナミックレンジ、高感度撮影、カメラ本体の大きさなどに違いがある。暗所や夜景はフルサイズ、望遠撮影にはAPS-Cが向く。

銀色のバッグを持って……。

森枝　そうです。鉛の袋に入れてたんですけど、あれに入れているとむこうが余計に警戒するという恐怖もあって。フィルムだから見てくださいって、大概の場合はそう言ってなんとかしました。英語は通じますから。たまにそれは駄目な場合もあったんです。

　そうこうしてる時に、そこそこの値段の、三〇万しないぐらいでしたか、キャノンの「EOS 5D」（二〇〇五年）［㉓］がでました。当時は記録媒体も高かったです。CFカードでしたか。

川村　写真家さんたちで言えば、例えばカラーにするかどうかみたいな表現の段階があって、アナログ時代からデジタルに至ると思うんですけど、表現的にはいかがでしたでしょうか。

森枝　技術的にはそれでオートフォーカスだったり、その前に露出がオートになるとか、いろいろとふまえながら変化してきました。最初は露出計も入ってないので、セコニックみたいなこれでやるとかいうのから。

川村　森枝さん的には抵抗がないというか、むしろそちらのほうがうまく使いこなしていったみたいなところはあるんですか。

森枝　ついていかないとしょうがない話だね。デジタルになっていく時も、その前のオートフォーカスになっていく時にごろっと変わるとか。そういうことはずっとありました。フィルム時代を考えると今は夢のような話です。当時はトランクで長旅に行く時は、フィルムを一〇〇本、二〇〇本入れていくわけです。それもただじゃないですから。プロ用のスライドフィルムは一本で千円くらいだったか、現像料も同じぐらい。私は出版社からもらっていくことがほとんどだったけれど、自腹のカメラマンは大変だったでしょう。一回撮影に行くだけで一〇万、二〇万がフィルム代。

川村　いまだに覚えてるんですけど、大学院時代の師匠の一人でアフリカニストの先生がいたのですが、その研究室には巨大な冷蔵庫がありました。彼は冷蔵庫を研究費で買っていたんですが、何で買ったかというと、要はフィルムを保管しておく、未使用のフィルムをずっと置いておくための冷蔵庫だったわけです。まあ、結果的にはフィルム以外のものも結構入っていたのは、当時の京大らしい姿ですよね（笑）。

森枝　分かります（笑）。

㉓キャノンの「EOS 5D」…最初の廉価版35mm判フルサイズカメラ。約1280万画素・35mmフルサイズで（35.8×23.9mm）の自社製CMOSセンサーを搭載。

フィルムとデジタルデータをどうしているか
——整理術

川村　ご自身の撮りためたフィルムもありますよね。もちろんデジタルデータもありますけども。どう管理されていますか。

森枝　たいしてちゃんとしてないから人に言えた義理じゃないんですけど。基本的には長期で、例えばどこかの国に長くいて、一〇〇本単位で撮ったりしたスライドは切り分けて、富士フィルムの緑の箱に整理していくという感じでやってました。でもその中から雑誌とか本に使うために出すと、戻ってきた時に元の場所に戻っていかなくなったりするんです。そういう悲劇がいっぱいありました。とにかく基本はそうです。ネガフィルムは撮影年月日で順番で、どこで撮ったかはそれに書いておけば一応分かると。それを順番に入れるぐらいですよね［24］。

　デジタルデータは、大学とかワークショップでもいつも言うけど、とりあえず基本は時間軸だけにしたほうがいい。あまりややこしいことをいろいろやらずに、とにかく撮ったやつをハードディスクなりSSDなりの中にフォルダーを作って、クラウドもありますけど、とにかく二カ所に保存。最近は一カ所はSDカードをそのまま取っておいて、ハードディスクのほうは、時間軸で全部そのまま放り込んでます。

　例えば二〇二四年という大きいフォルダーを作る。その中に、どこの調査とか何かで行ったというのを一個のファイルにする。そこにオリジナルの写真を全部入れる。最近は写真だけじゃなく、関係資料も全部PDFにして、一緒に入れています。音声データはそのままMP3のデータをそのPCのフォルダに入れておく。そう

24 ネガフィルム整理の例。専用の茶箱に時期場所等を記載し保管。場合によってはべた焼き（フィルムの内容見本）を同梱する

したら基本的には本を書いたり、リポート書いたりする時に困らないです。あとはGPSです。特に僕らみたいな調査に行く人間は、例えば日本とか千葉県ぐらいでよければいいんだけど、何々村の大字《おおあざ》何というところまで必要な場合は、GPSは神様ですね。

川村　そうなんです。

森枝　それで調査とかがだいぶ楽になったという。

川村　いい時代になったわけですよね。

森枝　インタビューのときの方言は、でもどうしようもない。田舎のおばあさんがしゃべった言葉はそのままだとなかなかテキストに起こせません。その場合、こういうことですねと自分で記録しておく。とにかく音声として入れておく。それだと一瞬でテキストになりますから。テキストの文章として同じフォルダーの中に入れておくと、いつどこで何をしてっていうのが全部わかる。

川村　検索をかける時に、それで引っ掛かりますよね。

森枝　全部ね。

「写真えほん」をなぜ作ろうと思ったのか

川村　最後に写真えほんについてです。なぜ本を作ろうと思ったんでしょうか。

森枝　なぜこういう形で子どもの本を作るかは、大人に絶望という話……ではないですけど、子どもに分からせるというのは、大人に分からせるより難しい。大人は、冗舌にあれこれ言って、そういう感じかなってだませるけど、子どもはAはAだからBで、BだからC、だからDだというのを、一個抜かすと何それ？ってなるから、きちんと丁寧にやらなくちゃいけない。ポイントになるところで、映像と一緒だったら特にうそつけないでしょ。なのでやるのは大変だけどおもしろいんです。

それと、子どもに比較文化的、文化人類学的の発想とか、食の文化をちゃんと分かってほしい。例えば、こ

㉕『人間は料理をする生きものだ』（福音館書店、2024年）

の『人間は料理をする生きものだ』〔25〕という本は、まず四つの胃袋で他の動物が消化できないような草を消化できるように進化した牛とか、他の動物には毒のユーカリを食べられるようになったコアラとか、ライオンの胃袋とか歯とか、冒頭に動物が食べるシーンをぼんぼんと載せています。

対して人間はその辺が軟弱だったから、代わりに消化器官の外部化をしたのが料理ではないかと。ライオンが牙を鋭くする代わりに、人間は包丁や銃といった道具を作ったと。あまつさえ火を使ってタンパク質の組成やら何やらを変えて、食べられるようにしたとか。

川村 この辺の発想は、どこから出てきたんでしょうか。

森枝 先ほどの食の文化のフォーラムに、石毛先生を中心とした人たちの仲間に呼んでもらって、あれこれやってるうちに考えたというか。そこで私がコーディネーターでフォーラムをやって作っています。例えばこれ〔26〕なんかシンボリックです。何だと思います？ 石が三つ置いてあるから、この上に鍋を置いて、下に火。一番簡単なキッチンです。もうちょっと進むと、かまどを作る。熱が逃げない構造のものになっていく。これが原点です。

この本の冒頭にアオサギの食事風景を載せているけど、アオサギは石神井公園の池にいるタウナギを捕まえて、そのままゴックンって食べちゃう。でも僕らは、例えばウナギだったら、開いて、焼いて、蒸して、たれをつけてまた焼いて……そうしないと食べられないでしょ。めんどくさいことやってるな、とわかってほしい。

川村 それが料理。

森枝 何をやっているか整理して考えると、まず食材を「とってくる」「育てる」「買ってくる」。料理も、洗うとか、水でさらすというところから始まり、「切る」方法も、包丁もあれば、モンゴルでは糸でチーズを切った

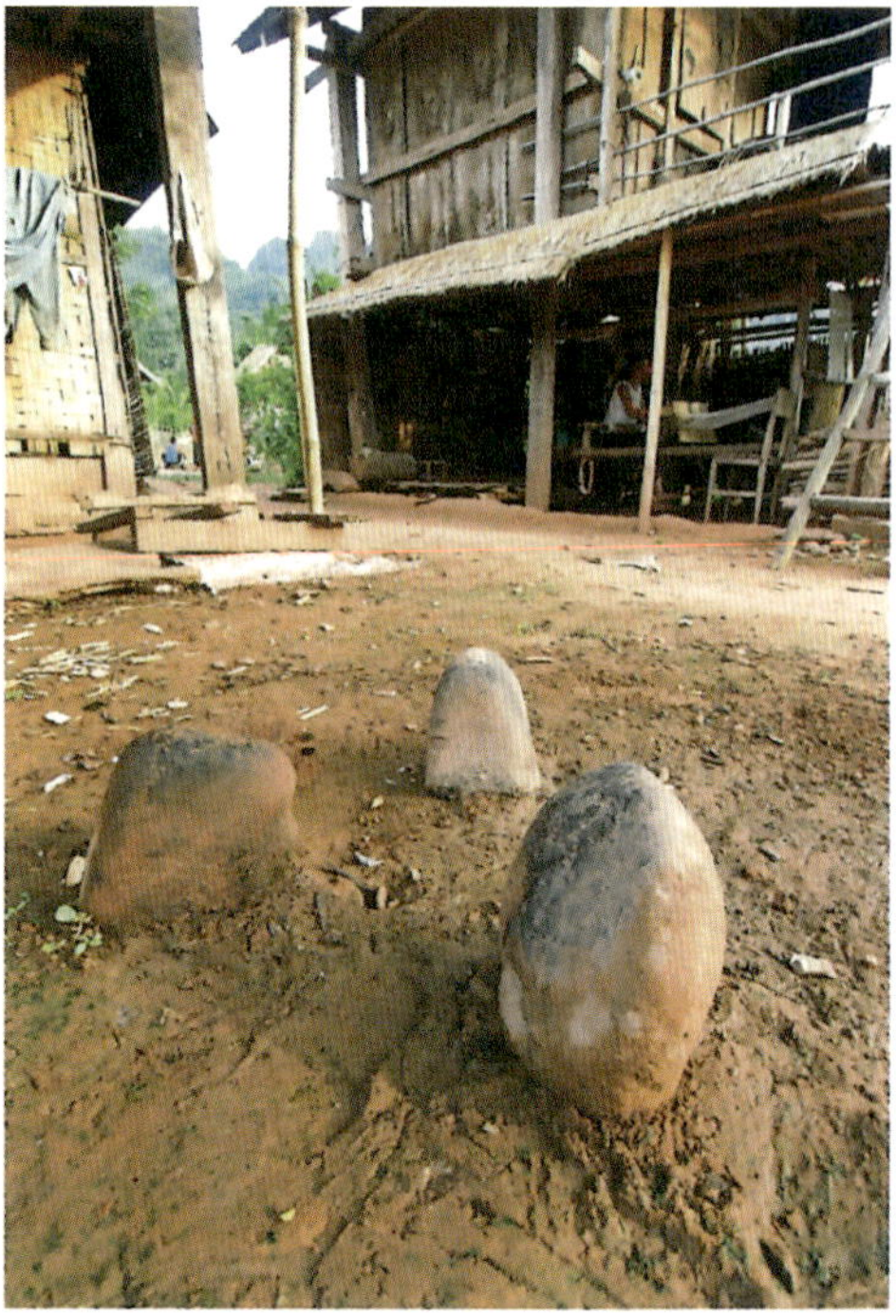

26 簡単なキッチン（『人間は料理をする生きものだ』より）

り。「擦《す》る」とか「潰す」とか「挽《ひ》く」とか。次に火を使うというのがもう一つの大きなことで、「焼く」のもいろんなやり方があって、石を焼いたり、バーナーで焼き付けたり、かまどで焼くのは空気を介して。ほかにも「煮る」「茹《ゆ》でる」「蒸す」「燻《いぶ》す」……写真も日本だけじゃなくて、アフリカがあったり、静岡があったり、チリがあったり、わが家のキッチンがあったり。エッセイストの玉村豊男さんの『料理の四面体』（中公文庫、二〇一〇年）という本があるんですけど、そういうのを子どもに分かるような話にして。この本を見せながら、大学の授業ではレヴィ＝ストロースとかの図式を見せるんです［㉗・㉘］。

川村　これも写真を撮りに行かれたわけですか。

森枝　いろんな雑誌の企画とか、新聞雑誌とか連載を散々やってきたから、そういうので山のようにあって［㉙・㉚］。

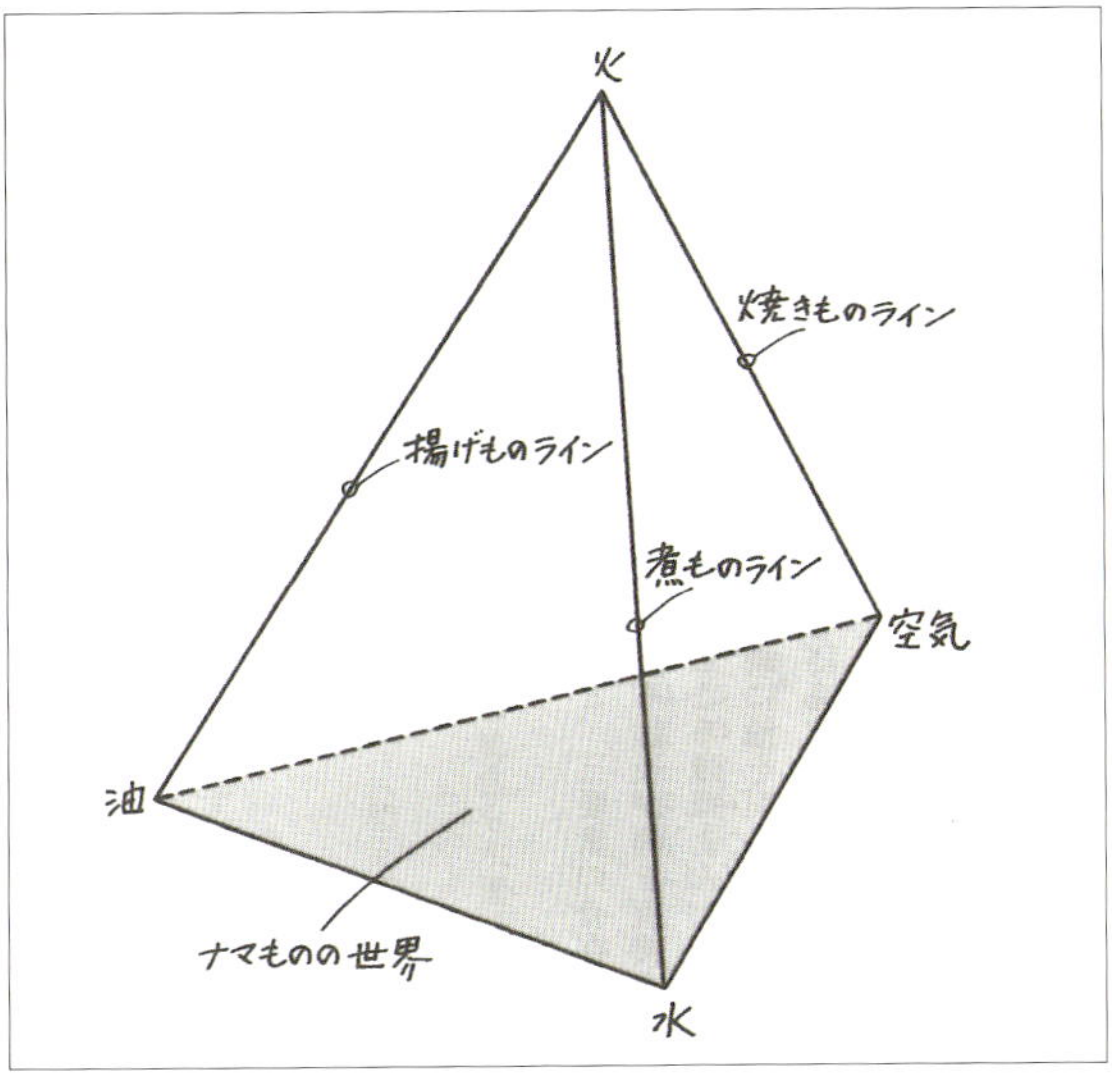

㉗玉村豊男が提唱した「料理の四面体」。料理の一般原理に介入する基本要素（火・空気・水・油）を図解したもの（『料理の四面体』より）

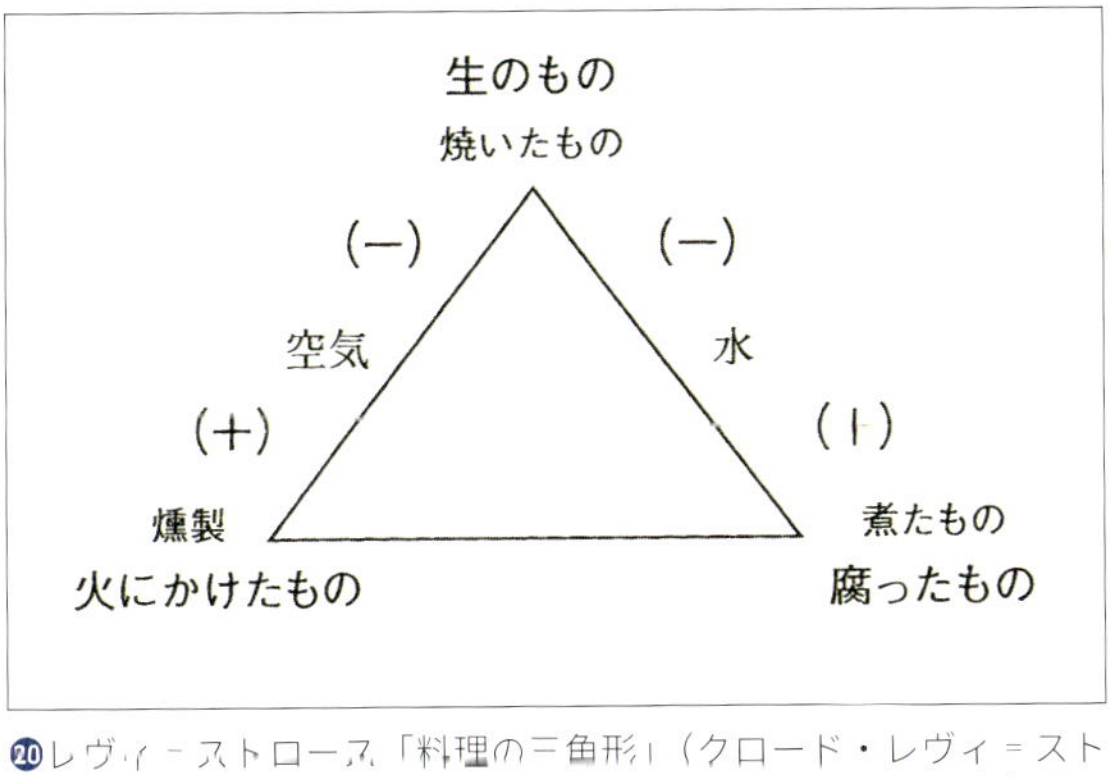

㉘レヴィ＝ストロース「料理の三角形」（クロード・レヴィ＝ストロース著、渡辺公三ほか共訳『食卓作法の起源』みすず書房、2007年より）

㉙アフリカ・ウガンダにて。一緒にお酒を（撮影：森枝卓士）

㉚フランス・ボルドーのレストラン（撮影：森枝卓士）

川村 森枝さんは写真家なんですか。自己認識は。

森枝 何が本業か分かんなくなっちゃいました。最初は写真家として始めたはずですけど。『食は韓国にあり』（弘文堂、一九八六年）という本を作ったときは、一応写真家って書いてます。写真家、食文化研究家。

川村 一応（笑）。

森枝 あんまり意識しません。正解はないです。

表現手段としてのカメラと、カメラが切り取る現実の意味

川村 今日うかがっていて何となく分かってきた感じもします。簡単に言ってしまえば、写真が撮るものは常に現実の一部なわけですよね。われわれも人類学でいっぱい撮るわけだけども、それですべてが撮れるわけじゃない。逆に言うと、そこでどういうふうなプロのまなざしで撮っているのかというか。ただ現実をそこに凝縮するすべとは、一体何でしょうか。

森枝 そういう意味では、素人の撮った写真のほうが資料価値があるという話があります。つまり、プロのカメラマンは何か目的があって撮る。例えば市場の写真を撮るにしても、ここに重要なものがある、これをポイントにして撮ろう、となるわけです。この子かわいいなみたいなこともあれば、うまそうだなでもいいけど。そうしたら、そこにポイントが行くような撮り方をしてる。でも素人は漠然と撮るから、一九三〇年のどこそこの市場みたいな、そちらのほうが資料価値があるという話はあるんです。

逆に言うと、例えば人類学者であったり、民俗学や歴史学者でもいいけど、何のために撮るかが明快であれば、そういう撮り方をするんです。アートとして撮るのはちょっと違うかもしれません。アートでもそれも美意識であったりということのために撮りますよね。おもしろいとか美しいというようなことで撮るっていうのはあるでしょう。

だからプロが撮るというのも、目的が何かということで、例えば調査の仲間内で行ってる時に、後の資料になりそうな写真を撮るとすればそういう撮り方をします。撮れるだけいろんなものを撮って。雑誌で特集を組むことを前提にして撮る時には、縦横と、こうやればストーリーになるなってことを思いながら撮りますよね。プラスアルファで、もしかしたらこういうので使えるかもしれないって撮ったり。

川村 フィルムの時代よりもいくらでも撮れますもんね。

森枝　今は余計にそういう撮り方を意識してやるようになっていますよね。物書き、学者、大体写真はうまいです。目的がはっきりしてるから。目的に合うような撮り方をするから。見れる写真になっている。

いま教えてる大正大学では表現学部というところです。写真のプロを養成するのではないけど、エディターになったりした時に、一応ある程度撮れたほうがいいということで。教える時に言うのが、何を撮りたいか整理しようっていうことと、何を言いたいかということ。写真を撮るというのは、文章を書くのと同じだと。I love you と言いたければ、どういう言い方をすれば伝わって口説けるかを考えるでしょうと。かわいいとか、おもしろいとか、そういうエモーショナルなことが響くと思ったら、どうすればそれが他の人にも伝わるか考えながら撮れよっていう話です。ロジカルな話も同じです。どうやれば説得できる材料になるかという撮り方っていうことですかね。

昔カンボジアの難民とかの写真を撮っていた時に、かわいそうな難民の赤ちゃんを、エモーショナルにがりがりに痩せてた子どもの写真にすると、どうしてもお情けの話になって、難民問題の背景がそれで伝わるのかなと、随分と考え込みました。写真というメディアは、何が伝わるかを考えると、大変に悩ましいところはありますよね。そんな簡単に正解はないと思います。だから、ユージンの写真であったりも、あの人はある種、武器としての写真みたいなことを考えていると思います。

川村　写真を撮るということは、常に発表される時期とその時代の情勢とか、いろんな関係性の中で写真が存在していくことを考えるということですかね。その関係性すら失われて存在してしまう写真もあるかもしれないけれども。

森枝　どっちもありでしょうけど。それこそ自己満足でも、美意識でとんでもないものを撮ってしまった人だっているかもしれない。いろいろです。けれど学生に教えるのは、自分の気持ちなり考えなりを整理しつつ、何をしたいんだっていうことが、あるいは何かを見た時に、それに対してどう感じたんだっていうことを、どうやれば相手に伝わるか、そういうコミュニケーションの手段なんだよということです。

今の世代は、フィルムの時代ではありません。押せば基本写る。だから、絞りがどうこうとか教えるのはかえってすごい面倒です。被写界深度がどうなってとかいうようなことです。被写界深度だって、スマホで目だけにピントを合わせてできちゃうじゃないですか。それこそ写ったものだって簡単に消せるし。だから何が本当かみたいな話はほんと難しいですよね。大変な時代です。

川村 そうですよね。

森枝 さっき言ったように、私は豊かでおごり高ぶってる日本がえらそうにしてるところで、他の価値観もあるよみたいなことを、アジアの食について伝えたかったのが最初にあるけれど、現在はそういう意味では、ある意味貧しくなっていった日本で何をしていくのか悩むところはあります。とにかく、一つは子どもに食べる文化とか、変な偏見や差別意識がある中で、比較文化的に見て違う価値観もあるんだよということを、どうやればうまく分かってもらえるかは、これからもやっていきたい。

『食べているのは生きものだ』[31]では、人間が食べているもので生き物じゃないのは塩だけだって伝えています。塩は鉱物ですから。この本はモンゴルの遊牧民が羊を殺してる写真から始まります。みんなそういうのを気の毒だとか、かわいそうだとか言うかもしれません。でも、マグロの解体ショーなんかは、舌なめずりしながら見るでしょう。何で羊はだめで、魚だったらOKなのか？ 国によっては、人によっては、日本の活き造りって、ぴくぴく動いてる魚が気持ち悪いと言う人もいるとか。相対的なものだということです。

川村 最近イカ、タコは知能が高いから食べるなとか、議論が出てますもんね。

森枝 じゃあ知能が低ければいいのかと。だから、そういうことが変なことにならないようなメッセージを、子どもの本を作ることを通して、伝えていきたいと思っています。

川村 本日はありがとうございました。

㉛『食べているのは生きものだ』（福音館書店、2014年）

1

COLUMN ◉「公開」と「利用制限」のバランスをどうとるか

地域に残された写真の保存と活用の今

明治～平成の風景や風俗を写した貴重な記録を公開する秋田県にある公文書館・大仙市アーカイブズの試み

蓮沼素子●文

地域における写真

私たちは生活の中で、日々の些細なことを何かにメモしたり、特定あるいは不特定多数の誰かに伝えたりする。そうしたとき、自身の記憶の手助けとして、あるいは相手に詳細な情報を伝える、目の前の出来事を共有するために、写真を撮るのではないだろうか。写真は、今や誰もが気軽に利用できる記録媒体の一つと言える。現在はデジタル媒体に記録することが主流だが、かつてはガラス乾板《かんぱん》やフィルムなどに記録され、印画紙に焼き付けていた時代もある。デジタルであってもアナログであっても、視覚可能な媒体に変換しなければ見ることができないのも写真の持つ特徴であろう。

昭和二〇年代後半以降に一般的な普及用カメラが登場するまでは、高価なため誰でも所持できるものではなく、とくに地方では特定の写真師が撮影したものや軍隊や学校・役場などの集合写真、あるいは有力者など一部の裕福な家庭にしか写真は残されていない。戦前に普及していたカメラは機材も大きく、運んで撮影するのも一苦労だったと言う。そうして撮影された写真は数も限られており、その地域の当時の風景や風俗を写した貴重な記録になっている。

一方、地方公共団体では昭和二〇年代頃から「広報」を作成するようになると、広報に掲載するための写真を撮影し、それらの記録を蓄積してきた。広報は行政の事業や地域の動きなどを住民にわかりやすく伝えるための媒体で、写真やイラストなどビジュアルを駆使しているのが特徴である。広報写真の中に残された地域の人たちの写真は、行政の記録にとどまらず、地域全体の時代や社会の変化を写し出す記録とも言えるだろう。

大仙市アーカイブズと写真資料

大仙市《だいせんし》アーカイブズは、公文書や古文書などの地域資料を地域共有の記録資源として保存・公開するための機関で、二〇一七（平成二九）年五月に開館した東北市町村初の公文書館だ。所蔵する写真資料としては、公文書では広報写真のほかにも自治体史編さん資料の中に写真資料が含まれる。地域資料では、市内外の個人・団体等からの寄贈により収集した資料の中に写真が含まれており、主な資料群としては「細《ほそ》谷《や》誉治《たかじ》ガラス乾板資料」（❶）「井上一郎写真資料」などがある。

写真は一目で多くの情報を取得することができ、誰でも理解しやすいメディアの一つであろう。年に数回行う展示では、写真や絵図など視覚に訴える資料を多く展示することで、年齢に関わらず地域の歴史や文化を理解する手助けとなっている。

所蔵している資料はすべて、寄贈の際の書類の中で寄贈者が有する著作権に関わる権利などの処理を行っており、地域の記録資源として展示や閲覧利用ができるようにしている。また、フィルムなど不可視媒体も多いため、デジタル化を進めることでPC画面などをとおして簡単に閲覧できるようになる。しかし、地域資料の写真の多くは、個人が家族や親しい友人などと思い出を共有するために撮影したものであり、個々の私生活を写したものが多い。

❶秋田仙北地震の記録写真（細谷誉治ガラス乾板資料、大仙市アーカイブズ蔵）

このため、公開には著作権だけではなくプライバシーや肖像権などに配慮することが必要である。肖像権については、現在、デジタルアーカイブ学会が公表する「肖像権ガイドライン〜自主的な公開判断の指針〜」に沿って判断を行う方法が提示されているが、地域には特有の歴史的背景や文化的慣習があり、必ずしもガイドラインに反映されているとは限らない。

また、大仙市アーカイブズで所蔵する写真資料は明治から平成のものまで幅広く、今日では問題となるような社会的規範に反する内容が写り込んでいる場合もある。同時にアーカイブズは誰でも自由に利用できる施設であり、公開とされている資料は誰でも閲覧・活用できることから、地域の人たちが想定していない形で拡散してしまう恐れもある。そうしたリスクにも目を向けて写真一点一点の内容や背景を考慮した公開の判断をすることも大切になる。

井上一郎写真資料の保存と活用

井上一郎は大仙市の大曲《おおまがり》地域で農業関係の仕事に就く傍ら、昭和二〇年代後半から変わりゆく農村の風景を記録しておく必要を感じ、そこに生きる人々を撮り続けたアマチュア写真家である。二〇一四（平成二六）年に行われた「国民文化祭・あきた」をきっかけに遺族から寄贈された資料群であり、フィルムからデジタル化した写真は三万五〇〇〇コマ以上にのぼる。

フィルムの中には、刊行されている「写真集　米づくりの村」（社団法人家の光協会、一九七七年）や「村の一年―秋田―」（岩波写真文庫一七七、一九五六年）など広く公表された写真も含まれている。それ以外にも、ベタ焼き（フィルムをそのまま印画紙に焼き付けたもの）やプリント、展示用に作成したパネル写真や井上自身が手作りで制作した一点モノの写真集などを収蔵している。

井上が撮影した写真は、井上家が代々生活していた旧内小友村《うちおともむら》（大曲地域）の風景やそこに住む人たちなど、井上にとって身近な存在を対象としている。［❷・❸］そうした背景からか、被写体の多くは自然体に見え、カメラ目線の笑顔やカメラをあまり意識していない普段の様子が写されている。また戦後から高度経済成長期という時代もあり、写真集で公表されている写真には出産中の女性の写真や女湯での風景など、今では撮影・公開が難しい写真も少なくない。

大仙市アーカイブズでの写真公開の基準は、館内での閲覧を基本として、公表されている写真に限定して複写可能としており、現在の社会的規範に照らして公開が適当ではないと判断した写真は複写だけではなく公開対象からも除外している。井上の写真も写真集として公表されている写真を中心に公開しているが、発行部数が少なく絶版となっていることもあり、公開に適さないと判断した写真は除外している。

❷子どもを農作業に連れていく母親（井上一郎写真資料、大仙市アーカイブズ蔵）

❸遊んでいる子どもたち（井上一郎写真資料、大仙市アーカイブズ蔵）

一方で、昭和二〇年代から三〇年代の風俗を写した記録として、また今を生きる地域の人たちにとっての記憶の一部としても機能するため、少しでも多くの写真をたくさんの人に閲覧・活用してほしいという、アーカイブズとしての基本も忘れてはならない。アーカイブズにおける永遠の課題でもある「公開」と「利用制限」という二つの相反する理念のバランスをどうとるか、時の経過や社会情勢の変化に目を向けながら考えていきたい。

HASUNUMA Motoko　大仙市総務部総務課アーカイブズ主幹（アーカイブズ学、マンガ研究）【著書・論文】「地域とアーカイブズ」（国文学研究資料館編『アーカイブズ入門』勉誠出版、2024年）、「漫画家の活動記録とアーカイブズ管理に関する研究」（学習院大学提出博士論文、2021年）【関心事】写真・画像などの非文字記録や電子記録の保存・公開

COLUMN◉ステレオ写真のデジタル化で見えてくるもの

2 富士山の古写真を読み解き、展示する

明治時代後半から見られる登山者の姿を捉えたステレオ写真で当時の富士登山の実像をより深く知ることができる

井上卓哉◉文

写真に見る富士山

登山の対象として老若男女が集まる富士山は、プロ・アマ問わず多くの人々を魅了する被写体としての性格も持つ。その歴史は日本における写真の黎明期である幕末までさかのぼることが可能で、富士山の姿は蒔絵《まきえ》や螺鈿《らでん》細工《さい》が施された表紙を持つアルバムに収納された人工着色写真、いわゆる「横浜写真」の中に確認することができる。この横浜写真やその後に続く横浜絵葉書《えはがき》は、明治時代の外貨収入手段として、絹や茶ほどではないが、一定の重要性を持っていたが、当時の外国人のニーズや写真機材の運搬の困難さもあってか、富士山は遠方からその全体の姿をおさめたものや、写真館の書き割りの背景に描かれたものが多い。

いっぽう、富士山中の風景や富士山の登山者の姿を捉えたものが多く見られるようになるのは、明治時代の後半になってからのことであり、その代表的な撮影者の一人が、イギリス人写真家のハーバート・G・ポンティングである。ポンティングは、それまでの主流であった美しい風景としての富士山も数多く撮影するとともに、ステレオ写真という形で、富士山の山中において、強力《ごうりき》（登山者の荷物を背負い、道中の世話や案内をする人）や登山者の姿を捉え、当時の富士山を巡る習俗の一端を知ることができる写真も遺している。彼がこのような写真を撮影した背景には、欧米を席巻したステレオ写真の大ブームがあった。

ステレオ写真とは、専用のビューワーを使うことで、わずかに角度を変えて撮影した二枚の写真を、奥行きを伴った立体的な画像として見ることができるものである。この写真は、裏面に解説を記したカード状に仕立てられ、特定のテーマに基づく数十枚から一〇〇枚程度のセットで販売されていた。特に、アメリカのアンダーウッド&アンダーウッド社は、専属のカメラマンを雇い、彼らを世界中の国々に派遣して、各国の風景や風俗を題材としたステレオ写真のセットを販売した。日本もステレオ写真の撮影地となり、当時販売された日本のステレオ写真のセットにはポンティングが撮影したものが多く所収され、富士山も重要なテーマのひとつとなっている。

富士山写真のデジタル化がもたらすもの

こうした富士山のステレオ写真をデジタル化することで、肉眼では確認することが困難な細部の情報から、当時の富士登山の状況を知ることができるようになる。例えば、一九〇四（明治三七）年に版権が取得された❶は、富士山の山頂火口を眺める人物を捉えたものであるが、右奥の人物の袢纏《はんてん》には「東表口組合」の文字が染め抜かれており、彼は一八八九（明治一六）年に開かれた富士山御殿場《ごてんば》口《ぐち》登山道の強力であることが知れる。また、左手前の人物の足下に注目すると、草鞋《わらじ》を重ね履きしていることが確認できる。これは、富士山の下山の際の砂走《すなばしり》に備えたもので、同時期に発行された登山案内で推奨されていたスタイルが実践されていたことがわかる。これらは一例に過ぎないが、富士山の古写真は、その情報を詳細に読み解くことで、富士登

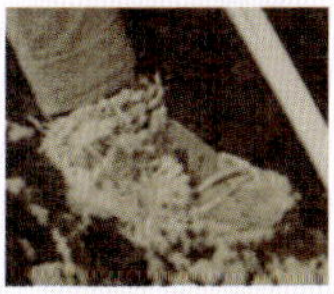

❶ステレオ写真“Peering from the lava-encrusted rim down into sacred Fujiyama’s vast, mysterious crater, Japan”（1904年アンダーウッド＆アンダーウッド社により版権取得。筆者蔵）

山の実像をより深く知ることができる可能性を有している。

さらに、デジタル化されたステレオ写真は、立体視のために高価なビューアーを必要とするといったことや、ビューワーの見え方に個人差があるといった制限から開放され、展示という形で広くその魅力を伝えることが可能となる。静岡県富士山世界遺産センターでは、かつて富士山のステレオ写真に熱狂した人々と同じ感動を共有してもらうことを目的に、デジタル化した富士山のステレオ写真に、赤と青の色を割り当てて作成したアナグリフ画像［❷］をモニターに表示し、多くの人が一度は使ったことがあるであろう赤青メガネを通して、世界文化遺産である富士山の多様な姿を見てもらう展示を設けている［❸］。

❷ ❶の画像をステレオ写真編集ソフト「ステレオフォトメーカー」（須藤益司氏製作）を用いてアナグリフ画像にしたもの

❸赤青メガネを用いてアナグリフ画像を立体視する筆者（2024年撮影）

INOUE Takuya　静岡県富士山世界遺産センター准教授（民俗学）【著書・論文】『富士を介して信を通じる　平川義浩絵葉書コレクションにみる富士山の姿』（2023年、風媒社）、『ステレオ写真で眺める明治日本　まちとむらの暮らし、富士山へのあこがれ』（2023年、古今書院）、「守札の受容圏の変遷と山村の信仰活動　新潟県妻有地域における守札の分析から」（『日本民俗学』314、2023年）【関心事】山の生業・シンボルとしての富士山

3

COLUMN ◉写真資料の持つ可能性（チカラ）を考える

写真のチカラ

島立理子●文

各地の博物館で収集・保存されている写真資料は人文系の分野だけにとどまらない可能性を持っている

カメラによって切り取られた風景である写真。博物館ではこれを写真資料と称し、資料として収集・保存している。そこには、現在では失われてしまったかつての風景が切り取られ保存されており、過去の景観や人々の生活を知る重要な資料となっている。

筆者の勤務する千葉県立中央博物館でも、明治時代末から昭和にかけての写真を多数所蔵しており、時間を見つけては、写真やネガなどのフィルムをスキャンし、データベースに登録するという整理作業をちまちまと続けている。この作業を通して写真資料の持つ可能性（チカラ）について考えたことを紹介する。

写真からよみがえる東京湾の泥

千葉県の東京湾岸はかつて遠浅の干《ひ》潟《がた》が広がっていた。干潮時には四、五キロメートル沖まで潮が引いたと言われている。現在はそのほとんどが埋め立てられ、住宅地、工業地帯などになっており、当時の様子を想像することも難しい。

❶は、一九五六（昭和三一）年一〇月の海水浴場としても有名だった千葉市「黒砂《くろすな》海岸」である。天秤棒をかついだ大勢の女性たちが海に向かって歩いている。潮が引いた海岸で、アサリやハマグリといった貝をとるのだ。列になってどんどん沖へ向かって歩いているが、はるか先まで行っても、海の深さがかわっていない。「潮が四、五キロメートル引いた」という言葉で説明されるより、はるかに実感がわく。大規模な埋め立てが可能だったのは、このような環境があったからだということが

実感できる。さらにこの写真には、アサリ漁の様子やその時の服装など様々な情報が詰まっている。

❷は、一九五九（昭和三四）年一二月の同じく東京湾の「千葉海岸」、❸は一九六二（昭和三七）年の太平洋に面した「九十九里浜《くじゅうくりはま》」の写真である。地面に注目をしてほしい。同じ海岸ではあるが、土の様子が随分と違っている。千葉海岸は、でこぼことした地面で、なんとなくぬかるんで泥のように見える。それに対して九十九里浜の地面は一面平らで、足が砂の中に入り込んでいる様子が見えない。さらに、波に注目すると、千葉海岸では波らしきものが見えないのに対して、九十九里浜では白波が見えている。海岸とは言ってもその有様は様々である。

❹は、埋め立てにより失われた海岸を復活させる目的で、一九七六（昭和五一）年に日本で最初に作られた人工海岸「いなげの浜」である。その海岸は、かつての東京湾の泥がちな海岸とは違うものになっている。この「いなげの浜」、現在は海外から白い砂を入れて、サラサラの白い砂浜に変貌してしまっている。

視点をちょっとかえることによって、これらの写真からは、現在ではもう見ることができないかつての自然環境を知ることができる。つまり、写真資料は、民俗学や歴史学などの人文系の分野だけにとどまらない、様々な分野で活用できる可能性を持っている。

認知症の薬に

筆者が写真を整理していることを知っている友人が教えてくれた話である。彼女の母親は東京都江東区《こうとうく》の生まれで、現在は認知症である。友人が母

❶「黒砂海岸」（1956年、千葉県立中央博物館蔵、林辰雄氏撮影）

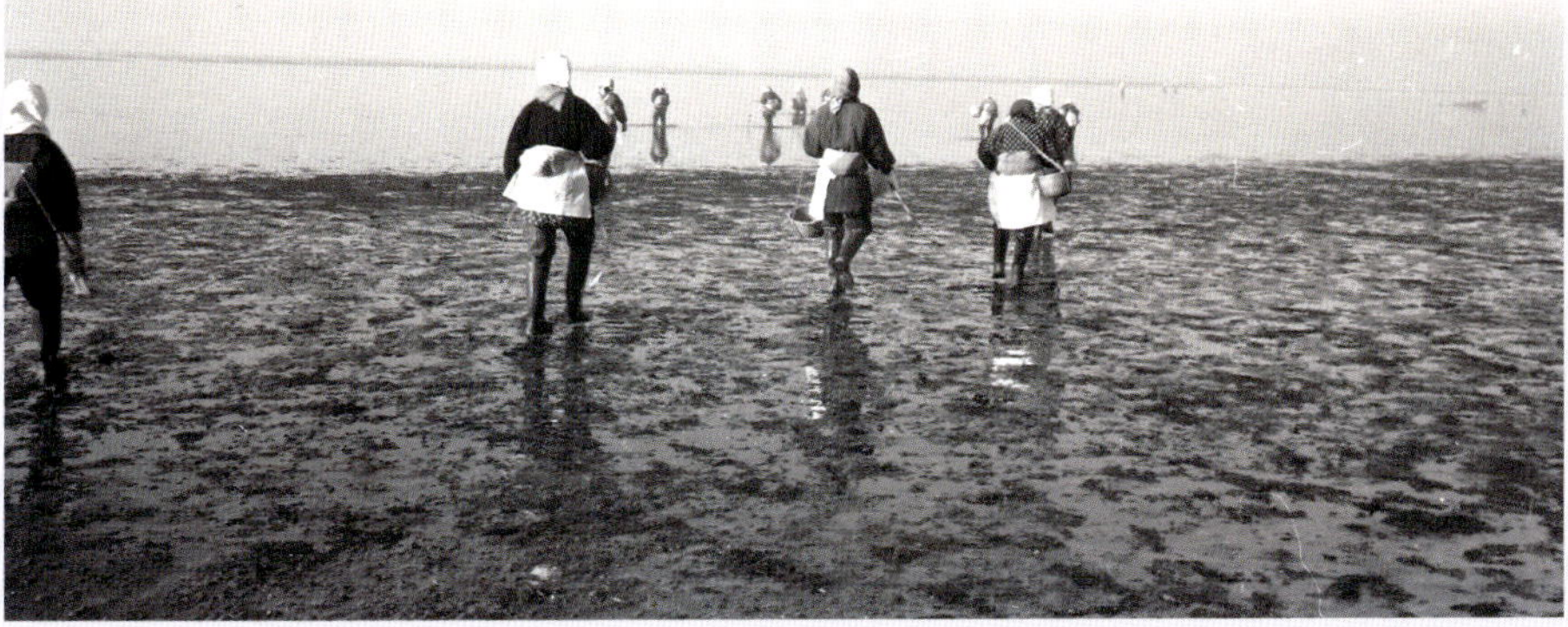

❷「千葉海岸」（1959年、同前）

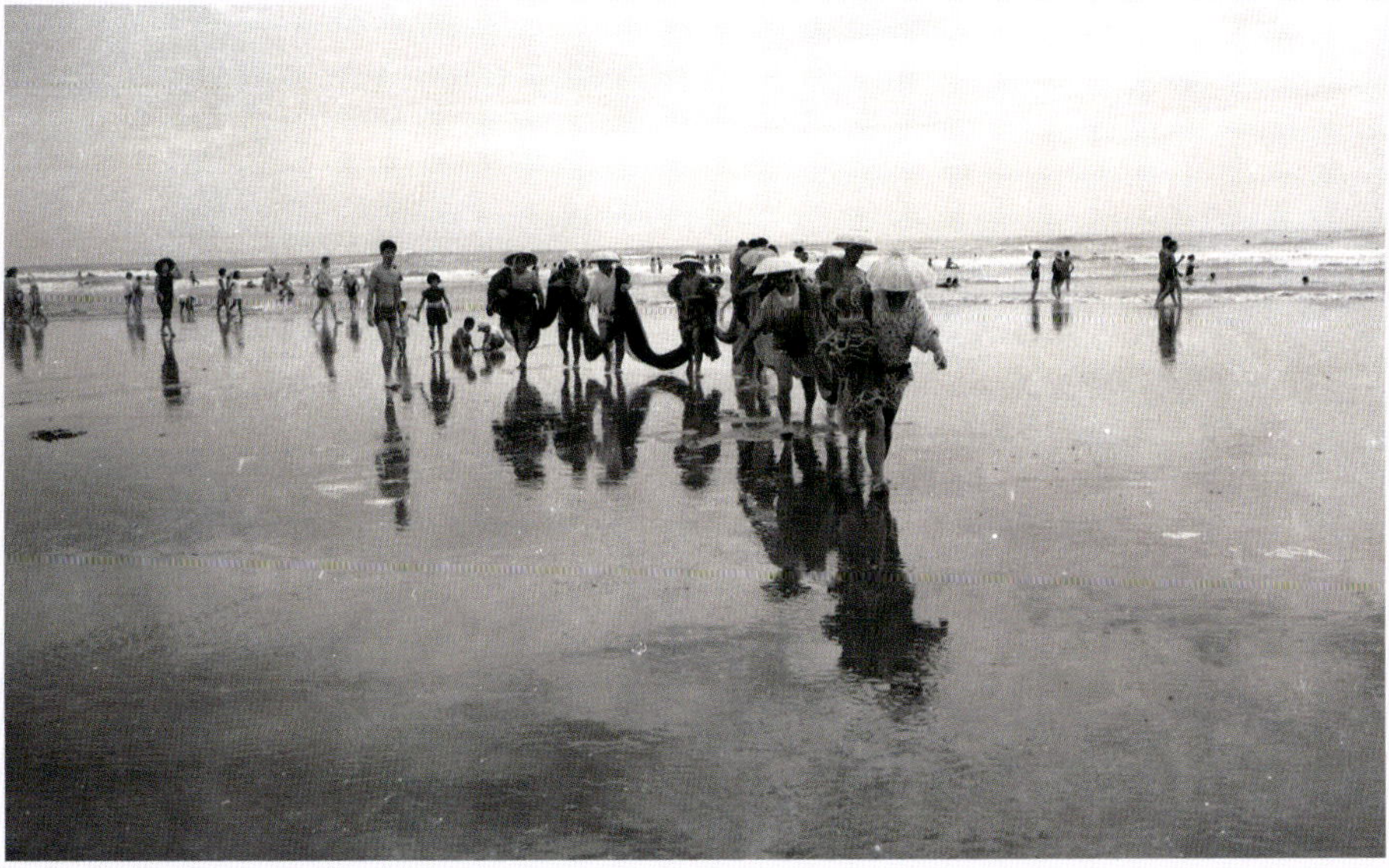

❸「九十九里浜」（1962年、同前）

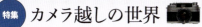

❹日本最初の人工海岸「いなげの浜」（千葉県立中央博物館蔵、吉野章郎氏撮影）

親を連れて出かける時、江東区の昔の写真を集めた本を持ち歩くというのである。母親がちょっとしたパニックになった時や、落ちついていてほしい時などに、その本を渡すと、写真の世界に入り込み、落ちついて写真を見ているのだそうだ。

認知症の高齢者に向けた療法として、昔の懐かしい写真や音楽、昔使っていた道具などに触れ、昔の経験や思い出を語り合う「回想法」というのがある。認知症の人は最近の記憶を保つことは難しいが、昔の記憶は保たれている。昔の記憶を思いだして言葉にしたり、相手の話を聞いて刺激を受けることで脳が活性化し、認知症の進行を遅らせるとともに、精神的に安定するというものだ。

この回想法と原理は一緒なのだろうが、頓服のような効き目があるようだ。博物館の写真資料が高齢者の福祉に結び付き、地域の課題解決につながれば、喜ばしい限りである。

SHIMADATE Riko　千葉県立中央博物館事業部長兼研究部長（民俗学。ここ数年は、人と自然のかかわりについて調べています）【著書・論文】「絵葉書にみる聖地と観光 聖地と周辺の観光地化」（『地域人』76、2021年）、「魚屋の店先にみる日韓の魚食文化」（共著、『国立歴史民俗博物館研究報告』221、2020年10月）、「動植物の民俗語彙の翻訳を考える」（『博物館研究』53-1、2018年）【関心事】どのようにしたら写真資料を広く使ってもらえるか

4

COLUMN ◉ 忘れられた地域の記憶をよみがえらせる

写真資料を用いたフィールドワークの地域還元

——写真と現場の往復作業を通して——

時代の経過を経て記憶から薄れていった屋久島の林業調査を通じて判明した記憶を後世に継承していく

柴崎茂光●文

一世紀前の姿を想像したい

山中で撮影された一枚の写真がある［❶］。この何気ない森の風景が、かつてどのような状況だったか皆さん想像できるだろうか。実は、約一〇〇年前、この場所は山肌が露出するほどの国有林野開発が行われていた。往時の様子を写したものが、最初の白黒写真である［❷］。左側の小道にみえたものは、木材を搬出するために建設された軌道跡だった。地元住民による国有林野に対する監視が厳しくなり、ヤマホウと呼ばれて恐れられた林区署の署員の人間も映っている。人間の大きさと比べると、開発の規模の大きさが容易に想像できる。カラー写真には写っていないものの、左側の軌道跡を画面奥方面に下っていくと、つづら折り（ヘアピンカーブ）に軌道跡が実際に続いている。

さて、この白黒写真はどこで撮影されたものだろうか。山域の一部が世界自然遺産に登録された屋久島《やくしま》の写真だった。一〇〇年前の大規模開発だけでなく、わずか一世紀で現在の森に戻った、自然の復元力のすごさに驚かされる。

話をうかがう中での新たな発見も

この白黒写真の撮影場所を推定しようと、屋久島の山中に建設された林業集落で暮らした人々に話を聞いてみた。しかし一世紀も前のことでなかなか有力な情報は集まらなかった。ある日、屋久杉などをトロッコに積み、その上に乗って、下流の貯木場《ちょぼくじょう》に運搬したトロノリ（運材夫）の方にも話をうかがったものの、例のごとく、白黒写真の景色は全く見覚えがないとのことだっ

❶100年後の森の姿

❷100年前の森の姿（1925年撮影、屋久島森林生態系保全センター提供）

た。ただし、集落沿いでないと、このような大規模な開発できず、また斜面の傾斜や軌道の曲がりくねりの状況から判断して、木炭を専用に運んだ軌道ではないかというご意見をいただいた。

そこで、このトロノリに、山中に建設された林業集落を写した別の写真もみてもらった。太忠岳《たちゅうだけ》事業所と呼ばれる写真をみせたところ［❸］、「この集落周辺には（白黒写真に）該当する場所はない」と断言された。あまりに明言されたので、その理由を聞き返すと、「自分は実際に太忠岳事業所があった千《ち》頭山《がみやま》集落に暮らしていて、太忠岳事業所にあった軌道は全て覚えているからだ」ということだった。そして、千頭山集落では、屋久杉などの用材ではなく、木炭を生産していたことも明らかにしてくれた。さらに、集落全景の写真には二本の橋が写っているが、奥側の橋が木炭を運ぶための軌道（支線）の始点だということも教えてくれた。こうして、写真を通じて、予期しなか

❸太忠岳事業所（昭和30年代と推定、屋久島森林生態系保全センター提供）

った話を知ることができた。後日、この木炭軌道を歩く機会を得たところ、実際に、住居跡や林内に日向窯《ひゅうががま》と呼ばれる大型の木炭窯跡を確認することができた。

多様な地域社会の理解に向けて

かつては貴重な資源であっても、時代の経過を経て経済的な価値を失うと放置され、人々の記憶から薄れていく運命をたどる。特に日本の場合には、天災によって地域の資源が消失する場合もある。二〇一九年五月の集中豪雨による土石流により、さきほど紹介した千頭山事業所跡の二本の鉄橋は崩落した。手前側の鉄橋は、水力発電所の維持管理用の鉄路として再建されたが、木炭軌道用の鉄橋はもはや現存しない。

仮に失われてしまった資源であっても、写真資料を活用して地域の方々にみてもらうことで、一度は忘れられたヤマの記憶が復活する場合もある。実際、筆者の調査を通じて、屋久島の林業が、屋久杉などの用材生産だけでなく、木炭などの燃料材生産が盛んに行われていたことが明らかになった。こうした復活した記憶を後世に継承していくことで、より多様で重層的な地域史が構築されていくことになるだろう。

なお、本コラムに関連した民俗研究映像「屋久島の森に眠る人々の記憶」がある。国立歴史民俗博物館のメディアルームで閲覧することが可能である。興味がある方はぜひ歴博を訪れてご覧いただきたい。

SHIBASAKI Shigemitsu　東京大学大学院准教授（林政学）　【著書・論文】『林業遺産―保存と活用にむけて』（共著、東京大学出版会、2022年）、「保護地域を活用した地域振興や山村文化保全の可能性」（『森林と文化―森と共に生きる民俗知のゆくえ』共立出版、2019年）
【趣味・特技】トレッキング・キャンプ

5

◉写真から3Dデータへの変化は何をもたらすのか

記録メディアとしての3Dデータ

上野祥史●文

写真から映像、映像から3Dデータへと、記録のメディアは変化してきた
その変化を、情報の記録と体感という視点でながめてみよう

はじめに

ひところに比べると、3Dデータはずいぶんと身近になった。スマホでアプリにアクセスすれば、手軽に三次元情報をつくり、楽しむことが可能である。旅先で目にした風景や味わった料理なども、今や3Dデータで手元に残せるのである。

写真よりも映像、映像よりもVRなどの方が、より先進的のようにみえる。だが、いずれも「現実を記録するメディア」とみれば同じである。3Dデータとはどのように作成されるのか、その特徴はどのようなものか、制作者と提供者、利用者の視点で3Dデータをながめてみたい。

3Dデータとは

3Dデータには、仮想と現実の二つのソースがある。アニメキャラクターがパフォーマンスを繰り広げるCGコン

テンツや、建設予定の建物の室内を体感できるCGコンテンツなどは、仮想から制作する三次元情報である。陶磁器《とうじき》や青銅器《せいどうき》など美術品を鑑賞するコンテンツ、あるいは遺跡や景観を俯瞰《ふかん》するコンテンツ、海女さんの素潜りを体感するコンテンツなどは、現実を対象とした三次元情報である。前者はCADを利用してデータを作成し、後者は写真や映像、あるいは3Dスキャナを利用してデータを作成する。仮想から構築したデータも、現実から作成したデータもともに、VRやAR、メタバースに組み込まれて、三次元的現実の体感に供されることになる。

3Dスキャナは、レーザー光を照射して対象からの反射を計測し、物体や空間の形状を計算するものである〔❶〕。写真を利用した作成では、対象となる物体や空間を覆うように撮影し、複数の写真から立体形状を計算するものである〔❷〕。その原理は、飛行機から撮影した複数の写真をもとに地形図を作成する空中三角測量と同じである。この写真を利用した三次元情報の作成は、フォトグラメトリー／sfM（structure from Motion）と呼ばれている。

3Dスキャナもフォトグラメトリーもともに、XYZの座標情報とカラー情報をもつ点群（ポイントクラウド）を

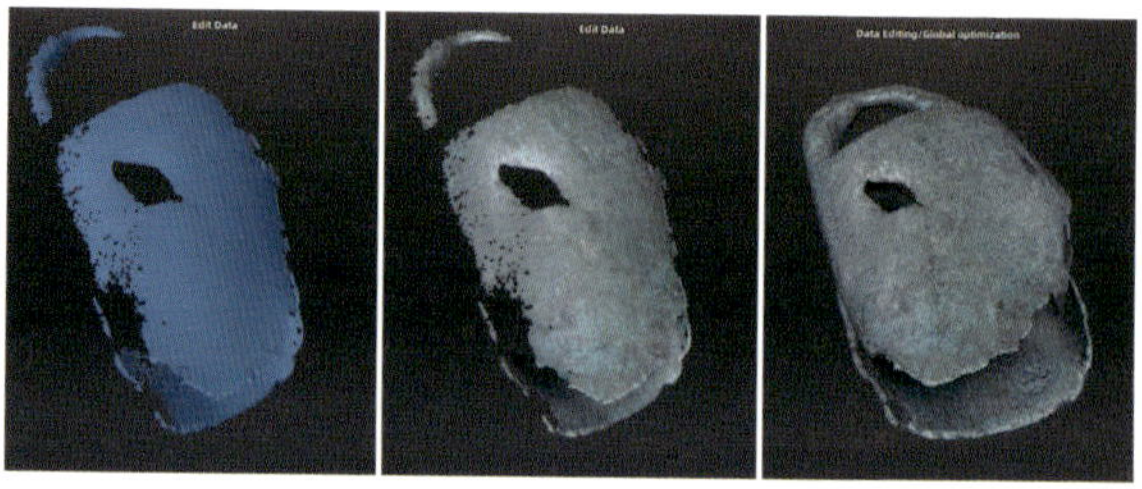

1ショットで作成した点群　同左（テクスチャ付）　複数ショットで全形を構築

❶3Dスキャナを利用した計測
使用機器：TranscanC（SHINNING3D社製）
資料：小銅鐸（市原市天神台遺跡出土　市原市教育委員会蔵）

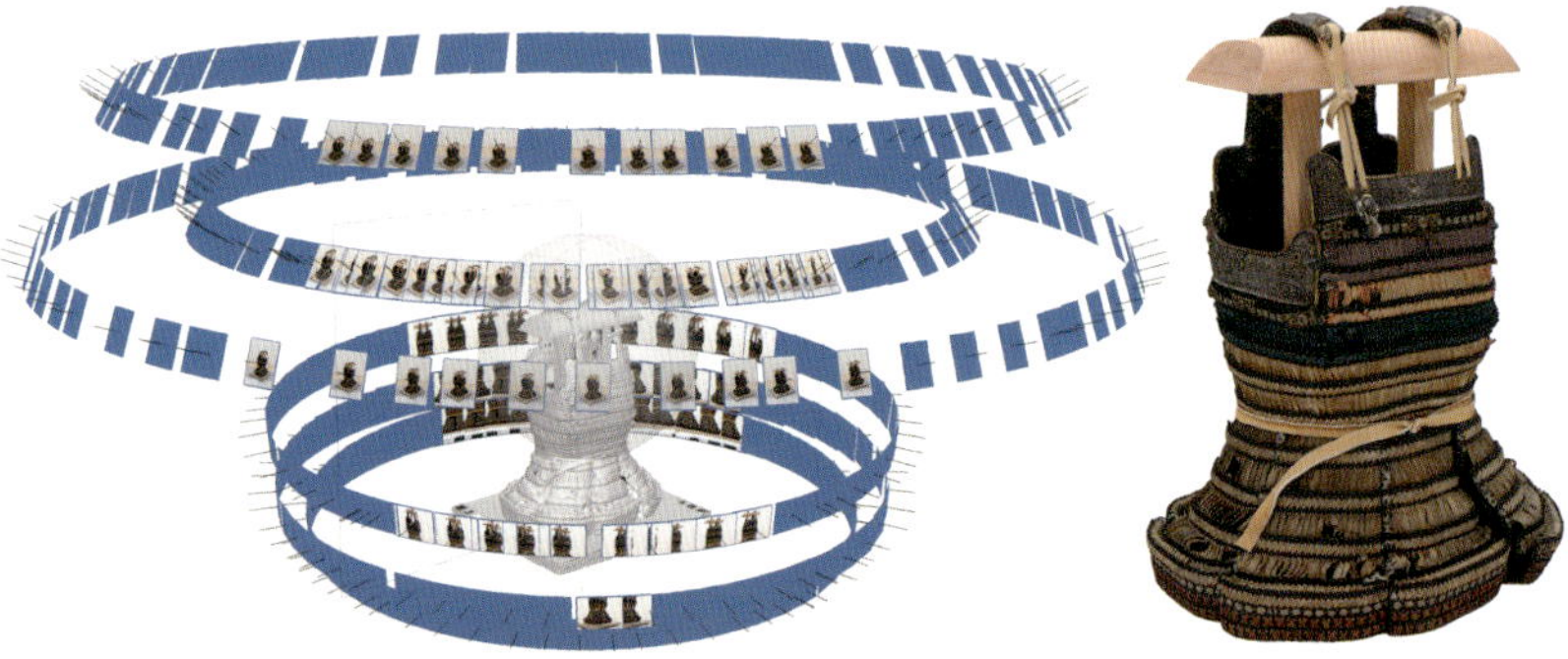

❷フォトグラメトリーを利用した計測ー撮影したカメラの位置情報と生成した点群及びモデル
Metashpe（AgisoftLLC製）を用いて作成　資料：熏韋威肩紫紅縹腹巻（本館蔵：H-47-3）

❸歴博総合展示の3D俯瞰画像（第6室）
SCANIVERSEを利用して作成

生成し、その点群によって物体や空間の外面（表面）形状を表現する。作成のプロセスは異なるが、位置情報と色情報を併せもつ点群（ポイントクラウド）を作成するのである。この点群をもとに、隣接する点を結んで微細な最小面（メッシュ）を構築し、外形を複雑な多面体で表現したポリゴンモデルを作成する。近接の点群からこの面に相応しい色彩を計算して重ね（テクスチャ・ブレンド）、色彩をもつ3Dデータが完成する。三次元情報は、凹凸のある立体形状を、着色した微細な面の集合体として表現しているのである［❷］。ハードウェアの制約は受けるが、小さな「もの」から大きな「空間」まで、3Dデータは自由自在に作成できる［❸］。

3Dデータの利用は、さまざまな分野で普及しつつある。3Dスキャナやフォトグラメトリーは、建築や土木の世界では基本スタンダードになりつつある。意外なところでは、交通事故現場などで利用することがある。考古学では、発掘調査における遺構の記録や、出土資料の情報化において活用している。発掘報告書では、3Dデータから作成したオルソ画像（正射投影画像）を掲載することも増えている。また、景観など広域を対象とした3Dデータの作成と利用も進んでおり、文化財の記録や活用において三次元情報は趨勢《すうせい》をなしつつあるのである。

二次元情報と三次元情報

3Dデータの普及は、確かに大きな変化である。しかし、写真や図面などに通じる一面もある。記録の作成、現実の情報化という視点でその変化をみてみよう。

二〇世紀の早い段階から、考古学では図面と写真を利用して記録を作成してきた。平面、立面、断面など各種の図化は、建築学の影響を受けたものである。

平面図や立体図などは、空間や物体がもつ三次元の情報を、正射投影で二次元表現したものである。土器の実測図は、外形と断面の形状、外面と内面の様子を

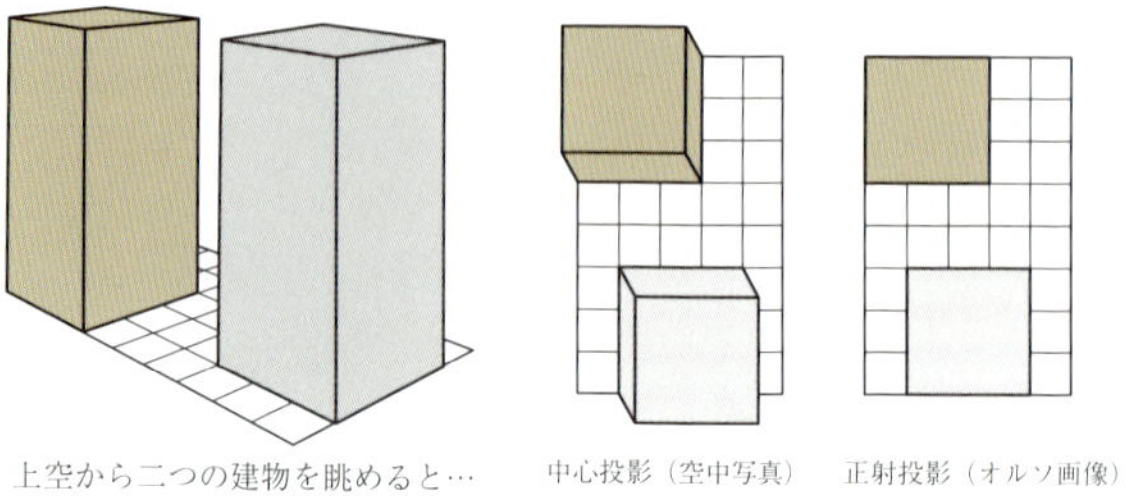

❹正射投影と中心投影の違い

平面の二次元に凝縮して表現しており、実に効率よく情報を提示している。横穴式石室《よこあなしきせきしつ》の図面も、石材の凹凸や重なりを二次元で巧妙に表現した記録である［❺］。写真は図面より写実性に優れるようにみえるが、それはディテールの記録に限った特性である。写真は中心投影の画像であり、中心から離れると形状に歪みを生じるため、正射投影の図面の方が形状の記録には優れている［❹］。

しかし、写実性が高く、形状の記録に優れていても、図面には二次元化という限界がある。被災した遺跡の復元において、過去の調査で作成した石室の立面図や特定部位の断面図のみでは、崩落・崩壊した古墳の石室を復元することが困難であったと聞く。復元文化財の制作でも。事情は同じである。歴博総合展示を準備する際に、ガラス勾玉《まがたま》の複製品を作成したが、その準備に5ミリ間隔で縦断面と横断面を図化した。平面図と立面図、一部の断面図のみでは、複製品を製作することが困難である。遺跡や遺物を復元し再現する際には、平面図や立面図などが記録としては優れていても、二次元情報は間引かれた「省略」情報であることをつくづく痛感する。

自明のことではあるが、3Dデータは三次元で形状を記録できることに大きな意味がある。三次元情報は二次元情報の集積体であり、自由に無限に二次元情報を得ることが可能である。三次元情報があれば、ガラス勾玉の複製制作で経験したような作業は不要になる。三次元情報の普及が、

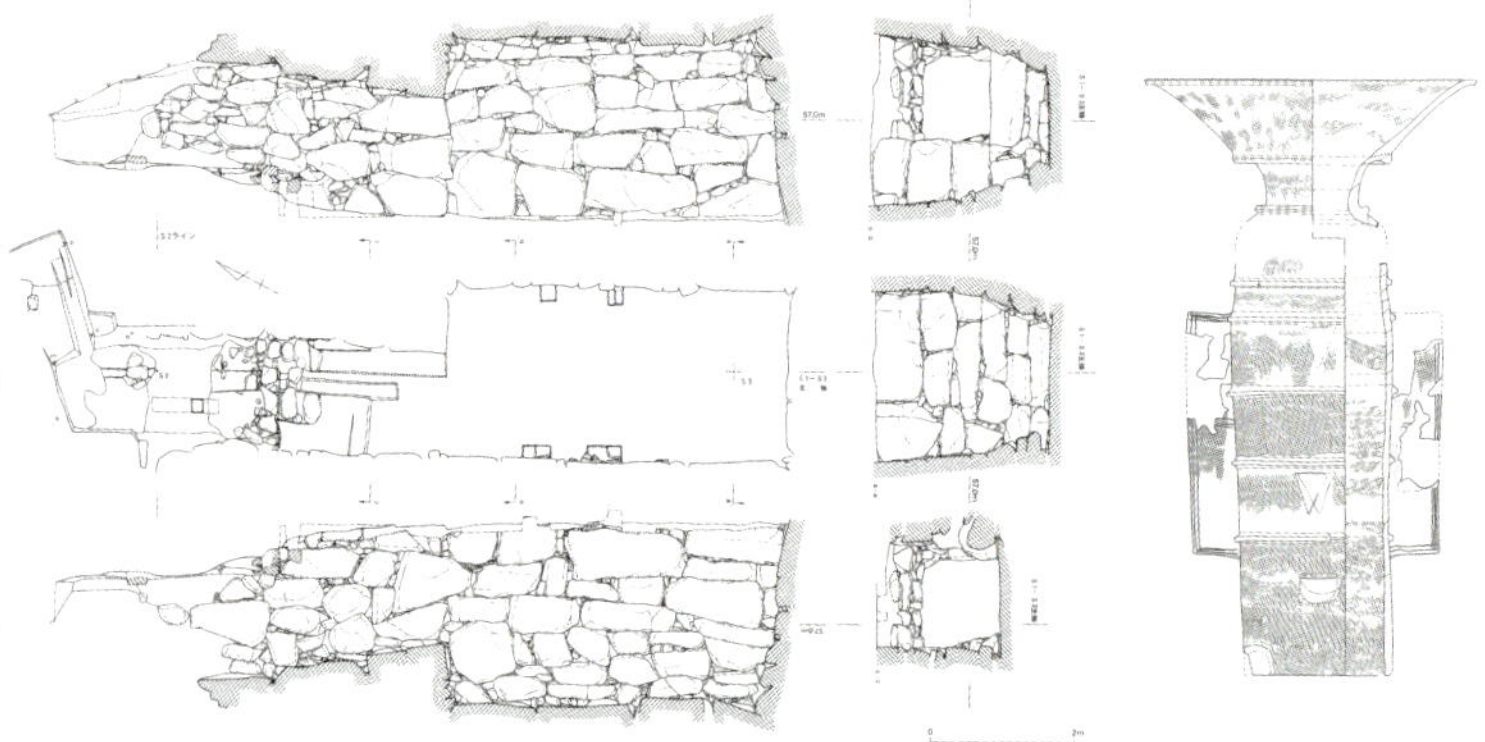
❺遺跡・遺物の実測図
左：横穴式石室（兵庫県勝福寺古墳）　右：朝顔形埴輪（兵庫県五色塚古墳出土）

記録の作成、情報化の大きな画期であることは言うまでもない。

「ひと」のかかわりを変える3Dデータ

発掘調査での情報作成は、消失する文化財の記録保存を目的としている。発掘調査は、多くが開発を前提とした事前調査であり、発見された遺跡の大半は調査後に破壊される。消えゆく遺跡、遺構の形状を記録するために、従来は図面を作成してきた。昨今は、3Dデータが図面に代替しつつある。この記録メディアの変化は、ひとのかかわりを変える大きな転機ともなっている。

不在の現実を体感できること、それが3Dデータの強みである。消えた遺跡を体感できるだけでなく、眼前にあっても触れることのできない資料を体感することも可能にする。3Dデータを利用すれば、土器の裏側をみる、銅鐸《どうたく》の内側をみる、など実物だと到底不可能な扱いが、いとも簡単に実現する［6］。それは、展示ケース越しという博物館の制約を少しは解放することにもなる。

二〇二三年年度の企画展「歴博色尽くし」では、3Dデータを活用したコンテンツを提供した。ホログラム映像や3Dデータの映像コンテンツを組合わせて展示をおこない、観覧者が自ら手に取り細部を観察する体感を

6 銅鐸（複製品）の内側をのぞく
この状態で実物をみる機会はほぼ皆無ではないだろうか
資料：袈裟襷文銅鐸（複製品、本館蔵：A-46-6、原品：兵庫県桜ヶ丘出土6号銅鐸、神戸市立博物館蔵）

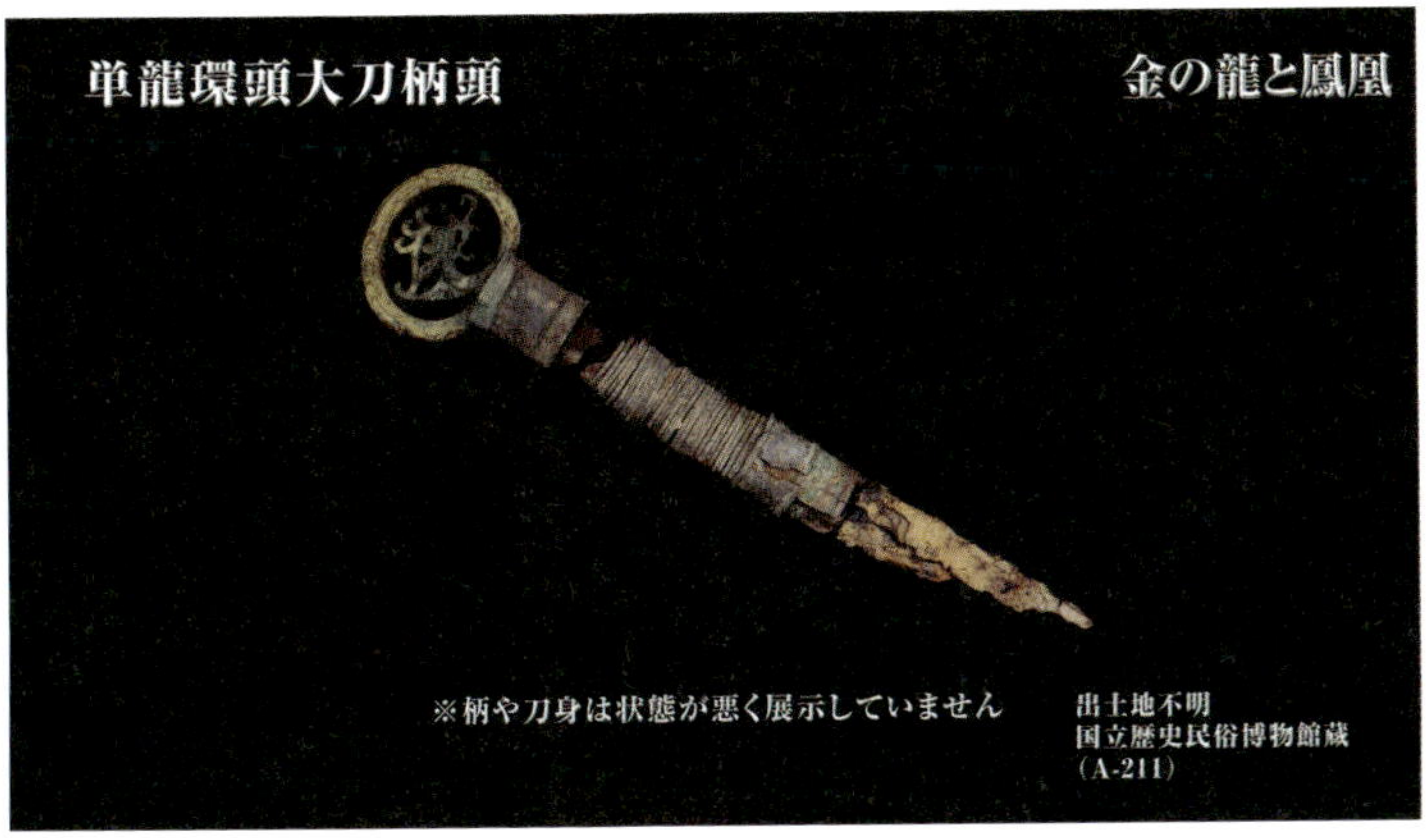

7 映像で提供した3Dデータ　制作：上野祥史・TxD

演出した。また、劣化が著しく展示が困難である資料も、一部は実物を展示し、全体は3Dデータを利用した映像コンテンツで立体的に示した［❼］。いずれも、3Dデータは、触れない、動かせない、そして見れない「資料」の体感を高めたのである。

この企画では、3Dデータを映像で放映したが、それは利用者（観覧者）の専有時間を考慮した選択でもある。タブレットやPCで3Dデータを操作する方が、資料の体感は格段に高い。しかし、個人の専有が高まれば、公共性は低くなる。展示という公共性、共用性を優先して、映像の提供を選択した。

それは、3Dデータの共有にも通じる課題でもある。3Dデータの共有は、ソフトウェアや動作環境の共有も前提となる。3Dデータは、WordやExcelのデータほど汎用性が高いとはいえない。その現実が、今なお3Dデータを新奇なものと扱わせるのであろう。

おわりに

写真も、図面も3Dデータも、現実を記録するメディアであり、根は同じである。物体や空間の形状を、テクスチャとXYZの座標情報をもつ点の集まりでとらえることは同じである。それを表現し、記録する形が異なるだけである。とはいうものの、その出現と普及は大きな画期である。

記録と活用いずれの面においても、3Dデータの利用は情報と人のかかわりを大きく変える。身体性を高めた、現実の体感は、今後も資料とのかかわりを大きく変えてゆくことであろう。

3Dスキャナは計測機器が高額で導入は容易でないが、フォトグラメトリーは写真をベースとするため汎用性は高い。それは、写真のデジタル化がもたらした産物でもある。高精細で膨大な数の写真を容易に作成することが可能になった結果でもある。今後は、ますます3Dデータの普及が進むと思われる。写真から3Dデータへ、メディアの変化と人のかかわりの変化に今後も注目してみたい。

図出典

❶❷❸❹❻❼ 筆者作成

❺左：大阪大学文学研究科考古学研究室編『勝福寺古墳の研究』（二〇〇七年）

右：神戸市教育委員会編『史跡五色塚古墳・小壺古墳発掘調査・復元整備報告書』（二〇〇六年）

UENO Yoshifumi　国立歴史民俗博物館・研究部・准教授（東アジア考古学）【著書・論文】『金鈴塚古墳と古墳時代社会の終焉』（編著、六一書房、2022年）、「社会の変化と動物表象・造形の変化」（松本直子編『心とアートの人類史』雄山閣、2022年）【趣味・特技】3Dデータいじり

6

COLUMN ● 戦後沖縄の記録者・阿波根昌鴻

写真の価値と可能性

―阿波根昌鴻写真の軌跡―

高科真紀●文

米軍と闘うための道具でも、歴史資料でもない写真の文化的価値が七〇年近くの時を経て、伊江島の人々によって新たに見出された

島で一台のカメラ

「わしが写真を撮り続けてきたのは、もともと米軍と闘うときの証拠とするためであった」――一九五五年、伊江《いえ》島《じま》。生涯にわたり反基地・反戦平和の信念を貫いた阿波根《あはごん》昌鴻《しょうこう》（一九〇一―二〇〇二）は、著書『命こそ宝―沖縄反戦の心』（岩波新書、一九九二年）のなかでまだカメラ自体が珍しく、とても高価であった時代になけなしのお金を使い、島民ではじめてカメラを手にした理由をこう述べている。

伊江島は沖縄本島の北部、本部半島の北西約九キロメートルに位置する離島である。この島はかつて面積の六三%を米軍基地が占め、現在もその三五%が基地の島である。沖縄戦では当時、「東洋一」といわれた旧日本陸軍の飛行場があったことから激しい戦闘がおこり、島民のおよそ半数が命を落とした。戦後、生き残った島民は慶良間《けらま》諸島に強制移住となり、本島北部での移住を経て一九四七年三月に帰島した。生活を立て直そうと奮起する島民の想いに反して、米軍の統治下におかれた沖縄では基地建設が進められており、一九五五年からは土地家屋の強制収用が始まった。阿波根昌鴻もまた、強制収用に伴う家屋の取り壊しの中止を求めて那覇の米国民政府に陳情に行っていた留守中に、真謝《まじゃ》区にあった家を壊され、土地を奪われた。そして、冒頭で述べた理由から、彼はカメラを入手した。ブルドーザーで破壊された自身の屋敷跡［❶］、家を失った人の仮住まいに米軍が設置したテントでの過酷な生活、演習地となった畑で農耕する人々［❷］、琉球《りゅうきゅう》政府庁舎前に建て

❷演習地でノボリを立てて農耕
（1955年、一般財団法人わびあいの里蔵）

❶阿波根昌鴻屋敷跡
（1955年、一般財団法人わびあいの里蔵）

❸陳情小屋前・右最前列が阿波根昌鴻（1955年、一般財団法人わびあいの里蔵）

た陳情小屋と伊江島陳情団による長期座り込み、沖縄本島を縦断して窮状と支援を訴えた「乞食行進」等、一九五五年から一九六〇年代にかけて撮影された写真には、伊江島の人々の苦悩と非暴力での抵抗の姿が克明に記録されている。なかには阿波根自身が写された写真もあり、同志と写真を撮る行為が協働されていたことも確認できる[3]。

阿波根昌鴻にとっての写真の価値

阿波根昌鴻らが撮影した写真は、撮影当時は伊江島の窮状を訴える際の証拠と米軍の理不尽な仕打ちを告発するための道具として用いられていた。その後、基地の半分が解放されて以降は、写真は伊江島の土地闘争の歴史を伝える役割を担うようになった。阿波根自らが写真を貼りつけた模造紙を使って、来島者に島で起きた出来事を説明するために用いたほか、一九八四年開館の「反戦平和資料館・ヌチドゥタカラ（命こそ宝）の家」ではカメラと写真が伊江島の歴史の証拠品として展示されている。また、こうした写真は一九七〇年より伊江島に通い続けた磧谷悦雄氏、張ヶ谷弘司氏、福原稔氏の尽力により写真集『人間の住んでいる島』（一九八二年）として出版された。この写真集はアメリカ人宣教師C・ハロルド・リカード氏の協力で一九八九年に英語版も出版されている。

多様化するまなざしと写真の可能性

時は過ぎ、二〇一一年。これまであまり知られてこなかった土地闘争と同時代に伊江島の人々の姿を撮影した写真が数多く存在することが阿波根昌鴻資料調査会の調査で明らかになった。新たに発見されたのは、日本復帰前の児童の集合写真や運動会の様子[4]、友人同士や家族の記念写真[5]など、伊江島で暮らす人々の日常を捉えた写真である。その一部は二〇一五年に伊江島で「あの頃の伊江島写真展〜人々と風景〜」が開催されて以来、本島でも何度か展示されたが、より多くの写真を鑑賞する機会をもちたいと二〇二一年に伊江島の有志と沖縄の写真家、一般財団法人わびあいの里の関係者によって伊江島写真展実行委員会

4 運動会（1955〜1967年、一般財団法人わびあいの里蔵）

❺不詳（1955～1967年、一般財団法人わびあいの里蔵）

が結成された。二〇二二年二月以降、写真展は伊江島、沖縄本島の浦添市と本部町の三か所で開催されてきた。この写真展会場には、写真を前に幼いころの自分や親族、友人の姿を見つけ、よろこび懐かしみあう人々の姿があった。写真を介して来場者の記憶が呼び起こされ、被写体となった方の人生の物語が次々に溢れ出す場に幾度となく遭遇した。また、授業の一環で島内の小中学生が来場した際には、下着を履いていない幼児の姿を見つけ、児童からはなぜ履いていないのかと質問が出たそうである。この問いをきっかけに、児童たちは海底送水が整備される以前、使い捨てオムツもない時代には頻繁に洗濯することも大変なほどの水不足だった島のくらしについて学ぶ機会となった。こうした反響は写真展のタイトルにも変化をもたらした。当初は「島の人々―戦後伊江島・阿波根昌鴻写真展」だったが、「島の宝・島の人々―伊江島の戦後・阿波根昌鴻写真展」に変更となった。七〇年近くの時を経て、米軍と闘うための道具でも歴史資料でもない、阿波根昌鴻と島の人々との関係性のなかで表現された「島の宝」としての写真の文化的価値が、島の人々によって新たに見出されたのである。

二〇二四年春、埼玉県の原爆の図・丸木美術館で本土では初となる写真展「阿波根昌鴻 写真と抵抗、そして島の人々」が小原真史氏（東京工芸大学准教授）の企画で開催された。その後も各地で写真展が開催されており、戦後沖縄の表現者、写真家としての阿波根昌鴻への注目も高まってきている。

このように、写真は過去の一瞬を切り取ったものであるが、それぞれのまなざしによって写真から読み取り、受け取ることができる情報はさまざまである。それゆえに写真の価値は固定化されることがなく、撮影者がシャッターを切った時の意図をはるかに超えて、これからも価値が見出される可能性を持ち続けるのである。

TAKASHINA Maki　阿波根昌鴻資料調査会／国立民族学博物館助教（アーカイブズ学・資料保存論）【著書・論文】「地域社会における記憶の継承と記録の利活用：エリザベス・サンダース・ホームを事例に」（『国立歴史民俗博物館研究報告』246、2024年3月）、「写真メディアを軸とした沖縄祭祀アーカイブズ：写真家・比嘉康雄資料を事例に」（『アート・ドキュメンテーション研究』29、2021年5月）【関心事】地域コミュニティにとってのアーカイブズの意義と活用

COLUMN 7 ◉沖縄写真をめぐる意義と課題

沖縄写真の今日

過去の写真を展示するとはどういうことか
沖縄の事例をもとに考える

比嘉豊光●文

創り上げられた沖縄イメージ

調査・研究の現場や美術館・博物館の展示において、重層的に関わり合う沖縄写真をめぐる今日的な意義と課題について、沖縄で活動する写真家の立場から言及したい。

「復帰〇年」という沖縄の重要な節目に企画される写真展は、「復帰」前後の政治経済、歴史文化、自然と芸術、人権と差別、植民地主義など、社会的情景に多重に絡み合った時空間的な写真表現が求められ続けてきた。私たちの沖縄は戦前、戦後そして復帰後も常に被写体として眼差され、表象される存在であった。創り上げられた「戦争と基地の島」「青い海リゾートの島」などの沖縄イメージによって、島々の風景、復帰闘争、戦世の記憶などの歴史文化までもが侵食、消費されてきた。そのような不条理に抗う私たちは、主体的に被写体（沖縄）に向かい合い、沖縄から眼差し返される主体としての「沖縄写真」を掲げてきた。その結実が私の写真集『赤いゴーヤー』（二〇〇四年）、『全軍労・沖縄闘争』（二〇一二年）、『光るナナムイの神々』（二〇〇一年）などであり、こうした実践と実証が後述する「復帰」五〇年写真展・「沖縄写真の軌跡」に繋がっている。

写真の展示に求められるもの

沖縄県立博物館・美術館（以下、博物館・美術館）では「復帰五〇年 平良《たいら》孝《こう》七《しち》展」（二〇二二年一一月三日〜二〇二三年一月一五日）が、「復帰五〇年」と冠についた写真家平良孝七の回顧・顕彰展として開催された。平良孝七（一九三九―一九九四）は第二回木村《きむら》伊兵衛《いへい》賞を受賞した写真家であり、復帰前後の沖縄を土着の視線で記録した沖縄写真の先駆者である。しかし、写真展の第一章は写真集『沖縄―百万県民の苦悩と抵抗』（沖縄革新共闘会議編、一九七〇年、新時代社）からの全ページ拡大複写パネル展示であり、平良孝七氏以外の人々が撮影した写真と、「混血児」「売春婦」などの差別的で人権配慮に欠く写真説明がそのまま掲示されていることが判明した。博物館・美術館側も指摘を受けて、展示会終了前にパネル三点を撤去、後に館長が調査・研究不足での不適切展示と図録への虚偽記載を公式に謝罪した［❶］。二〇二三年度には新館長の内部検証チームの中間報告で図録の残部の裁断が判断され実行された［❷］。

　以上を踏まえて、この博物館・美術館による写真の展示の不適切さについて考察する。写真家平良孝七の生涯に迫る回顧展は、写真の表現を目的とした作品展示であるべきである。写真集とは過去の資料であり、資料を道具として扱おうとする作品展示には困難が生じる。写真を研究し、展示する立場であれば当然の知識である。今展の写真集からの全ページ拡大複写パネルは、不可解な目晦《めくら》まし展示に見えた。展示会入場者に配布された出品目録や、図録巻末の作品リストには当該の写真集の複写パネルは収載されておらず、作品展示されながら、説明ができない意味不明の幽霊作品（図録にはパネル作品一部を掲載）として扱われている。それは担当学芸員が先行研究や、写真関係者の意見や指摘を拒絶し、独善的に写真の重層的特質を誤解釈した結果、重大な事実誤認と著作権、人権無視の杜撰《ずさん》で不適切な展示となった。この問題は、博物館・美術館側が多くの文化芸術などの識者の意見や指摘を受け入れず、強引に勧めたことにも原因があったと考えている。今後、沖縄県の第三者委員会による問題の全容解明、責任所在の明確化、再発防止のための検証、報告が求められる。

沖縄文化の創造を目指す

「復帰」五〇年写真展・「沖縄写真の軌跡」（二〇二二年六月～一一月にかけて四企画展を開催）を、私は写真家の仲間たちと実行委員会を立ち上げて開催した［❸・❹］。今展は、沖縄の写真家たちが復帰二〇、三〇、四〇年の節目に続けてきた写真展の軌跡から、沖縄戦の記憶や米占領下の社会的情景、自然環境の変容、歴史文化、芸術表現などに、沖縄写真が果たす意義と課題に対する実証と検証を行い、地域社会と協働した沖縄文化の創造を目指し、企画したものである。

　今展で私は一九七二年の復帰前後の全軍労闘争の写真を出品した。会期中には、全軍労牧港《まきみなと》青年部（以下、牧青。当時）の五人と私が参加して、大判八〇枚の現場写真と観客に囲まれて

❶沖縄県立博物館・美術館ウェブサイト「館長より皆様へ―「復帰50年 平良孝七展」について」https://okimu.jp/topics/1676190039/、同「「復帰50年 平良孝七展」図録の訂正について」https://okimu.jp/topics/1680067805/（参照：2024年8月22日）

❷『琉球新報』2023/10/06「在庫図録 1200冊断裁処分 平良孝七展、出版社が要望受け」https://ryukyushimpo.jp/news/national/entry-2340499.html（参照：2024年8月22日）

の座談会を開いた［❺］。当時の牧青の激闘の記憶は「時の記憶」としてよみがえり、互いに写真を指差し、真剣に語る姿には過去と現在の繋がりと絆が見られた。彼らの全軍労牧青の闘いは沖縄の社会的情景の、歴史的「時の記録・記憶」だ、という信念が伝わった。写真の力（想起力）により「時の記憶」に新たに「時の絆」が表出した。この事柄は沖縄写真の表現の創造性と言えよう。

写真を扱うとはどういうことなのか。これからの美術館・博物館や学芸員には、現場の多様な意見を取り入れながら協働で沖縄写真、文化芸術を追求していく姿勢を期待したい。

❸展示会場（「復帰」50年写真展実行委員会提供）

❹シンポジウム・後方は平良孝七の作品（同上）

❺全軍労牧港青年部（当時）との座談会（同上）

HIGA Toyomitsu　写真家・琉球弧を記録する会　【著書・論文】『全軍労・沖縄闘争』（Mugen、2012年）、『赤いゴーヤー　一九七〇～一九七二』（ゆめあ～る、2004年）、『光るナナムイの神々ー沖縄・宮古島～西原～一九九七～二〇〇一』（風土社、2001年）、国立歴史民俗博物館　第6展示室に「島クトゥバで語る戦世」（琉球弧を記録する会制作）の映像を提供（2010年～現在、常設展示）

◉創作者の立場から模写と写真との関係を考える

9 絵画を模写すること
――写真との関係――

写真を用いて模写をはじめとする絵画表現の解釈や再現を行うときに対象を実際に見て、意識を通過している目を持っていることの大切さ

正垣雅子●文

はじめに

私は、日本および東洋の古典絵画の模写研究を行なっている。心が揺さぶられるような絵画に出会うと素直に描いてみたいと思う。それが、動かせない作品であったり、見ることが難しい作品だったりすると、模写で伝えることができたらと思う。

「絵画表現を記録する」という点では、模写と写真の目的は近い。模写は、真似《まね》る、なぞる、写す行為と思われがちであるが、そうではない。対象となる古典絵画（原本）の存在を観察し、感じ、解釈し、描いた先人の感覚と手技を探求し、自分自身の感性と表現力で描くことであり、絵画表現の一つだと私は考えている。古くは、直接、原本から模写をする、または模写から模写を行う（孫模写）という方法がとられていたが、現在、模写をする際には写真を資料として用いることが一般的である。資料として写真を使う立場から、模写と写真との関係について考えてみたい。

法隆寺金堂壁画と入江波光の模写

まず、模写と写真との関係を示す最も著名な事例である「法隆寺金堂壁画《ほうりゅうじこんどうへきが》の模写事業」について紹介する。

法隆寺金堂壁画は、東アジアへの仏教伝播の証であり、芸術性に優れた絵画として知られているものである。戦禍には遇わなかったが、一九四九（昭和二四）年の火災で壁画は焼損してしまった。激しい炎にさらされ、防火作業で大きく損傷した壁は、現在、法隆寺の収蔵庫に保管されている。ただ、在りし日の壁画表現は、模写や写真が伝えている。

一九三四（昭和九）年、国の事業として「法隆寺昭和の大修理」（至一九八五年）が始まった。まず、壁画の現状を記録するために、京都の便利堂に委嘱して法隆寺金堂壁画十二面の壁面全図写真、原色版用全図四色分解写真、赤外線写真、原寸大モノクロ分割写真が撮影された。カラーフィルターを用いた四色分解写真は、便利堂の独自の判断で撮影され、現在、法隆寺金堂壁画をカラーで確認できる貴重な記録となっている。原寸大モノクロ写真は和紙にコロタイプ印刷した複製二〇組が作られ、国内外の大学、美術館に頒布された。

壁画の模写は、一九三九（昭和一四）年から検討が始まり、翌年着手された。日本画の表現技法を用い、和紙に現状模写をすること、四つの大壁を担当する四つの班が組まれることになった。この時の模写は、後に「昭和の模写」と言われる。各班の画家は、荒井寛方《あらいかんぽう》、中村岳陵《なかむらがくりょう》、橋本明治《はしもとめいじ》を長とする東京出身の画家たちと、入江波光《いりえはこう》［❶］を長とする京都出身の画家たちで構成された。当初、長となる四人の日本画家は東京の画家に依頼する予定であったが、審議委員の一人が京都の画家を加えることを主張して、入江波光に決まったという経緯があった。当時、入江波光は五二歳、創作から離れ、古典絵画の模写を精力的に行っていた。以前から法隆寺に模写願を申請していた入江波光にとって、この決定は念願が叶ったという高揚感、使命感を抱いていたことであろう。

模写の方針については、当時の社会状況も鑑み、検討が重ねられた。そこで、原寸大写真を印刷した和紙に直接彩色する方法が推奨され、東京の三班はそれを採用した。一般的に、写真は対象を正確に記録しているという通念があり、誰もが全幅の信頼を寄せる。印刷の上に彩色する作画は、合理的で正確な模写になると考える人も多い。ただ、印刷の黒色が彩色に影響するので、下地として白色顔料を塗布する必要があった。しかし、入江波光はこの方法を是としなかった。結局、入江班が担当する壁画は、原寸大印刷の上に模写用の和紙を重ね、紙を巻き上げて写真を確認しながら描く「あげ写し」という方法で模写することとなった。

　四班とも、模写は法隆寺金堂内で行った。当時、新しく導入された蛍光灯が壁画を明るく照らしたことで、画家たちは壁画表現の美しさに驚き、それを詳細に確認しながら模写を進めていった。制作環境と写真を活用した模写であることは四班に共通しているが、三班が採用した方法と、入江班の方法とでは、画家の心身の感覚、運動は異なるものと私は考える。つまり、前者は、印刷の形跡に準じて筆をおくことが作画の土台となる。後者は写真を手がかりに、上に重ねたまっさらの紙に、自分が描くと決断した筆がのる作画になる。また、印刷の黒色を薄めるための白色顔料の層は、仕上がりの質感に影響する。

　入江波光がゆずらなかったことは、何だろうか。一九三一（昭和六）年に《北野《きたの》天神《てんじん》縁起《えんぎ》絵巻《えまき》弘安本《こうあんぼん》》のあげ写しの模写を行った際、以下の言葉を残している。「一切の自分を捨てて、原画を描いた作者の気持ちになり切つしまつてやつてこそ、ほんとの意味の模写は出

❶「絵専入江教授、研究学生、法隆寺壁画模写（s19）」（『百年史　京都市立芸術大学』京都市立芸術大学、1981年より）

来ると言わねばなるまい。作意がどこにあるか、何処に表現の主眼が置かれてゐるか、どんな処に力を注いでゐるか、そうした事を考えながら凝ツと見詰めてゐると、絵に現はれてゐる作者の気持ちが彷彿として見えて来る様な気がする。夫れを出来る丈け如実に再現するのが、模写の目的であり生命であると言わねばなるまい。」（田中修二「入江波光の法隆寺金堂壁画模写について」『成城大学美学美術史』三、一九九五年）

法隆寺金堂壁画の模写の場合、高品質な印刷技術による原寸大写真を用いることができたとはいえ、入江波光は、写真が記録した全てが絵画表現の本質なのかどうか、すぐ傍で観察している壁画から得られる感興が写真に反映されていないことは無いのか、自分の感性と原寸大写真が呈する表情とを重ねることができなかったのかもしれない。そのため、写真を客観的に解釈する画家自身の主体性を軸にした模写にこだわったのではないだろうか。より踏み込んだ推察が許されるなら、入江波光はこれまでの模写経験と画力で、壁画表現の再現をする、できるという信念が強かったともいえる。

現在、法隆寺が所蔵する入江班の模写は、「この模写を見た時、金堂壁画は焼けなかったのだという感動を覚えた。」（三田覚之「各種の模写を通じてみた法隆寺金堂六号壁画の化粧菩薩像」『Museum』東京国立博物館、二〇二〇年）と評され、入江波光とその弟子たちによる模写の姿勢と表現力が賞賛されている。

東京の画家が採用した方法は、一九六七（昭和四二）年、朝日新聞が呼びかけ東京の画家たちによる「法隆寺再現模写」に引き継がれた。この模写が現在の法隆寺金堂堂内を荘厳している。

バーミヤン大仏仏龕内壁画の写真

写真から絵画表現を読み解くことの難しさについて、最近、私が携わったアフガニスタンのバーミヤン大仏仏龕《ぶつがん》内壁画の図像描き起こしのことを述べる。

アフガニスタンにあるバーミヤンの仏教遺跡は、二体の巨大な仏立像が印象的な石窟群で、数多くの石窟内に壮麗な壁画が描かれていた。一九九九（平成一一）年と二〇〇一（平成一三）年に起きた、現地の武装勢力が二大仏を破壊したという衝撃的な事件は記憶に新しい。インド・中央アジア美術史家の宮治昭《みやじあきら》（一九四五―）は、一九六九（昭和四四）年から一〇年の間に、四度にわたってバーミヤンの仏教遺跡の現地調査をしている。

私は、二〇二〇（令和二）年から、宮治昭の監修で、西大仏と東大仏の仏龕内に描かれた壁画の図像を墨線で描き起こすことになった［❷］。資料写真として、一九七〇年台に撮影した多数の仏龕内壁画写真（カラー）、それらのデジタル画像と測量データを元に作成した合成画像（東大仏仏龕の頭頂部、西大仏の仏龕上部）用いた。先に紹介した法隆寺金堂壁画の模写とは違い、図像を線描で描き起こすだけであり、作画に複雑さは無いはずであったが、戸惑うことが多かった。まず、私自身が現地で壁画を見た経験がないこと、次に、資料となる多数の壁画写真は曲面の壁画を手持ちのカメラで撮影したもので、時間や位置が様々であり、撮影時の足場の悪さもあってか、写っていない箇所もあった。さらに、仏龕内の合成画像は、慎重に調整されたとはいえ、歪みやズレが生じていた。合成画像全体は原本の一〇分の一サイズのカラーで、一見すると仏龕内全体をよく再現しているように見える。しかし、それに従って壁画表現を線描で描出すると、像の歪みや位置の違和感が露わになってしまった。壁画表現を読み解く私のよりどころは写真しかなく、無意識に写真に従属してしまったことが原因であったと思う。そこで役立ったのは、宮治昭が現地で描いたスケッチ［❸］であった。壁

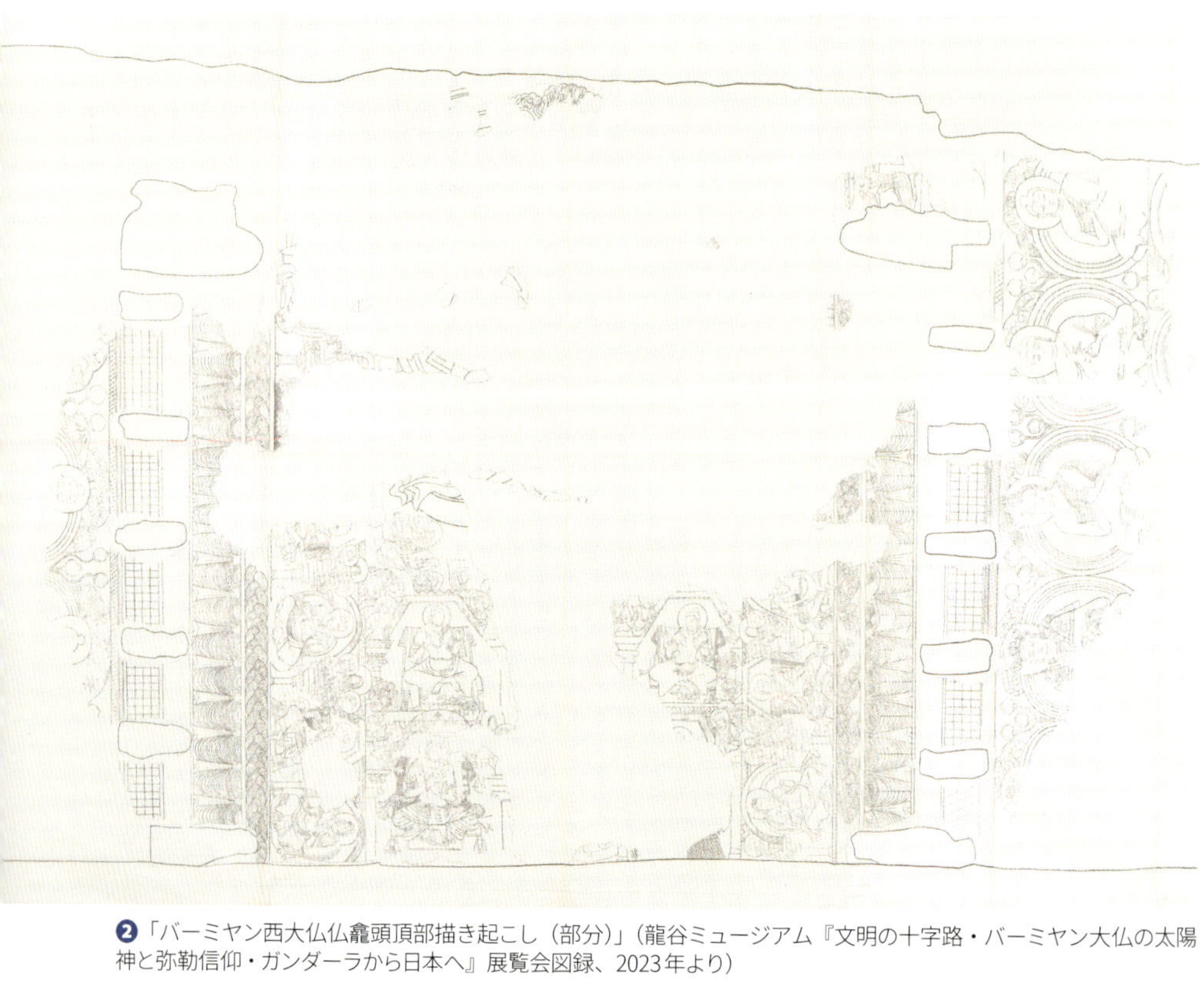

❷「バーミヤン西大仏仏龕頭頂部描き起こし（部分）」（龍谷ミュージアム『文明の十字路・バーミヤン大仏の太陽神と弥勒信仰・ガンダーラから日本へ』展覧会図録、2023年より）

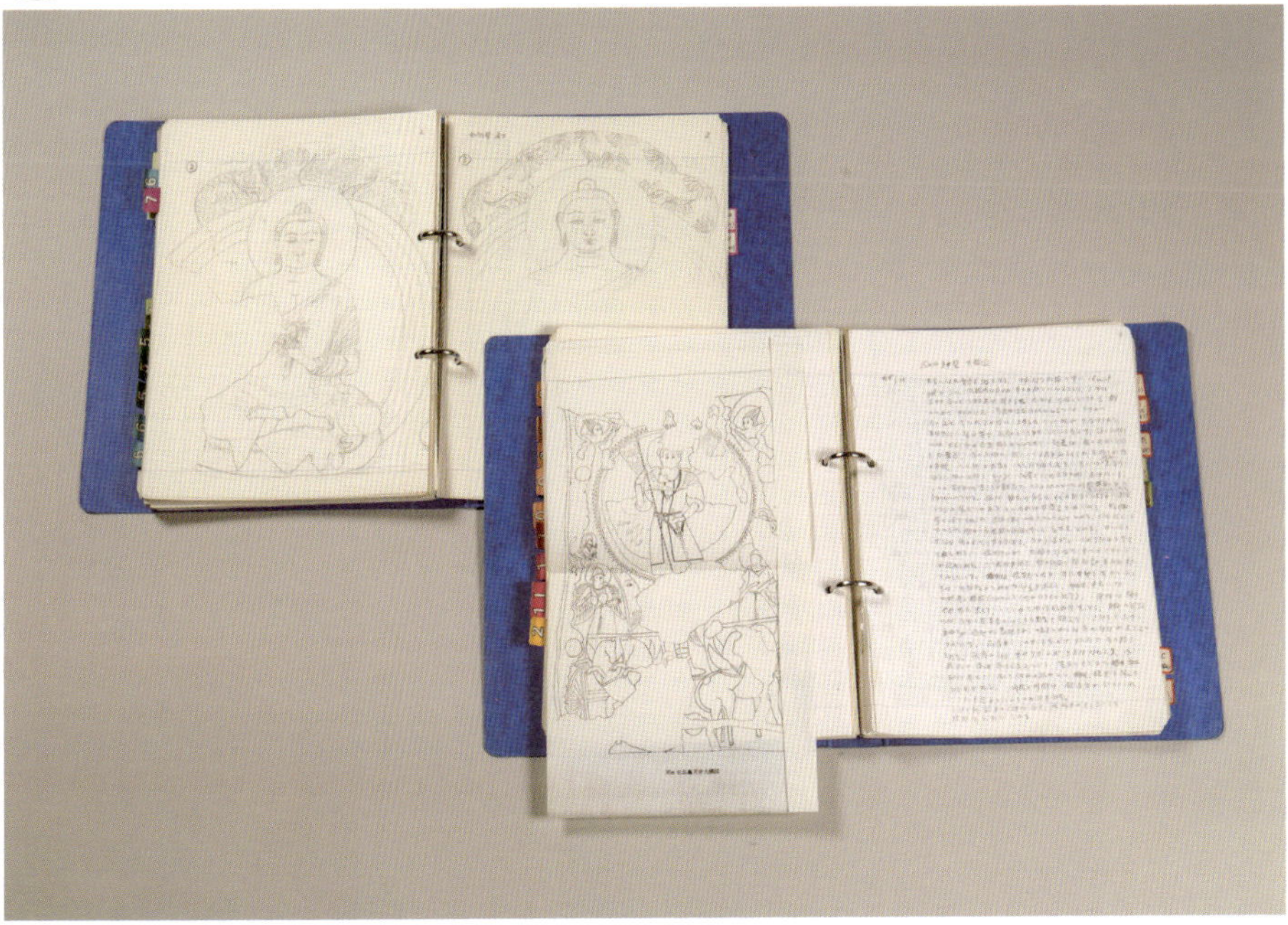

❸「研究ノート　宮治昭筆　日本　1960－70年代」（同前より）

画を目の前にして何が描かれているか判断して、実直に描いたスケッチには、宮治昭の認識が刻まれている。写真細部の不明瞭な箇所、写真に写っているものが壁画の表現なのか壁の表情なのか迷った時、スケッチが的確に説明してくれた。このことから、写真から絵画制作を読み解く時に、対象を実際に見て、意識を通過している目を持っていることの大切さを痛感した。写真をよりよく解釈するには、画像の解像度を高めるだけでは解決せず、人の感性や知識の作用が観察を深めるものであると感じた。

おわりに

模写を行うために欠かせない写真を準備することは、一昔前に比べて容易になった。しかし、どんなに高品質な写真であっても、模写をはじめとする絵画表現の解釈や再現を写真のみで行うことには慎重であってもよい。原本と対峙した観察によって、知覚を鋭敏にした人の目で理解することの重要性は、昔も今も変わらないと思っている。

SHOGAKI Masako　京都市立芸術大学／大学院准教授（専門は日本画。日本および東洋の古典絵画を対象に現地調査に基づいて、日本画表現技法による模写制作と表現研究）【主な作品】《讃嘆する王と妃　キジル石窟80窟壁画模写》（龍谷ミュージアム）、《維摩詰　敦煌石窟第220窟壁画模写》（国立民族学博物館）【関心事】写真、写生、画材等の芸術資源のアーカイブ　【Instagram】@shogakimasako

本作はフィクションです。実在の人物・団体・事件等には一切関係ありません。

ようこそ！ サクラ歴史民俗博物館

第12回　収蔵庫内の資料の取り扱い方

鷹取ゆう

【前回のあらすじ】中学2年生の陽菜は、大学で博物館について学ぶ姉・優花が参加する博物館の見学会についていくことに。博物館の収蔵庫ではどのように資料を管理しているのかを学ぶのであった。

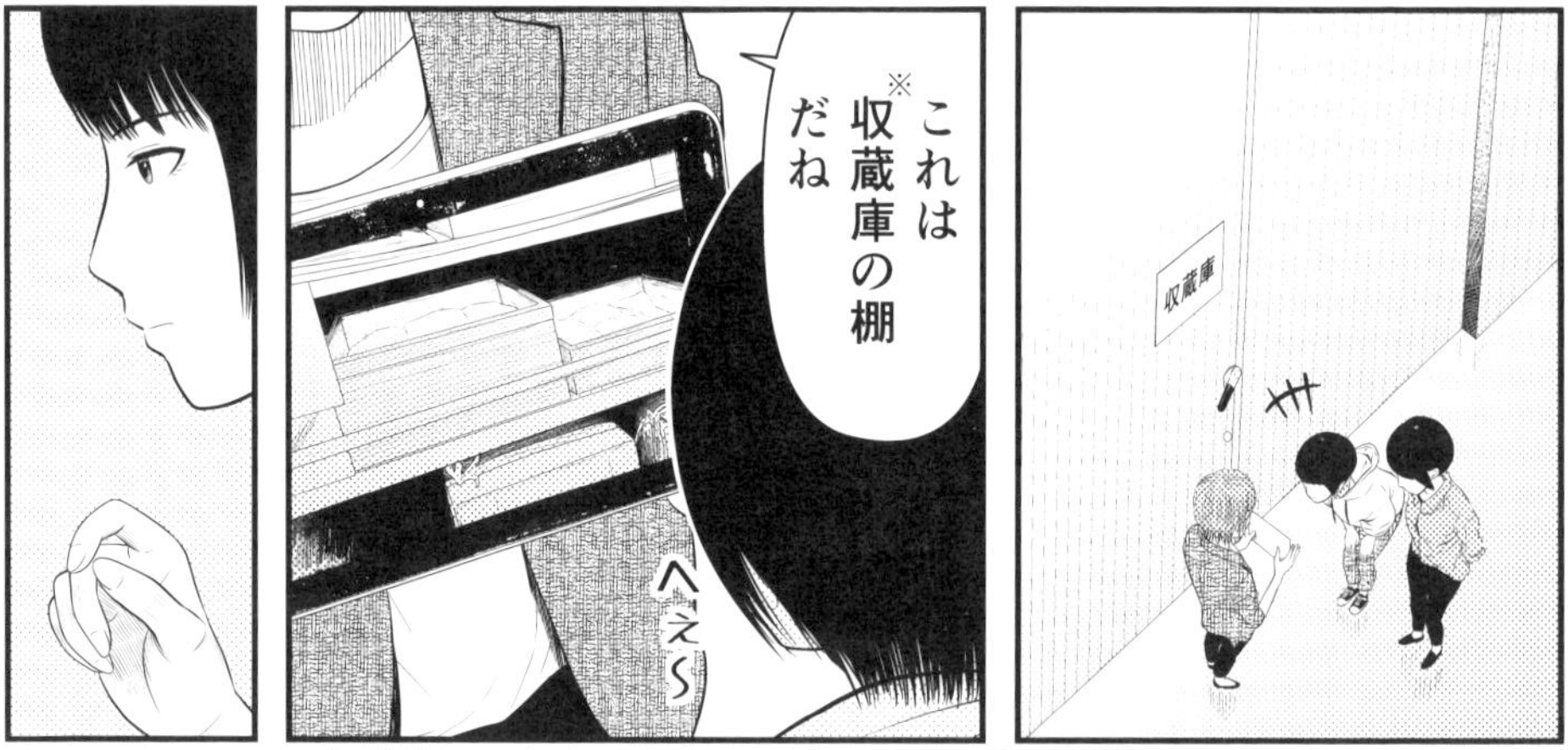
収蔵庫
※これは収蔵庫の棚だね
へぇ〜

※収蔵庫は入れないため、タブレットで動画鑑賞中。

資料を収めている箱って
みんな同じ形だね
お！よく見てるね
せっかくだし収蔵箱の説明もしようかな

当館《ウチ》ではフタのない
桐《きり》製の箱を使用していてね
サイズは小型、中型の二種
資料の大きさ、素材、形状を考慮しつつ一点から複数点を収めているんだ
箱のサイズを均一にしているのは重ねて収蔵することを可能にし
限りある収蔵スペースを最大限活かすためなの
桐製なのは…
湿気対策？
ええ調湿してくれるからね
収蔵箱の扱いで気をつけてることってありますか？
んー詰め込みすぎないことかな
重くて棚から出せなくなるし作業者の負担も高くなってしまう
ぐぎぎ
さらに箱内の通気性が悪くなってカビが発生する可能性もあるの
みっちり
そ…それは困りますね

【人物紹介】

陽菜《ひな》 中学2年生。優花の妹。博物館に興味なかったが…。

優花《ゆか》 大学3年生。陽菜の姉。大学では城ノ内の講義を受けている。

【人物紹介】

城ノ《じょうの》内《うち》 学芸員。今回の見学会で解説を担当。大学で講師もしている。

というか持てないような資料って
移動するとき大変ですね…
この動画の臼とか
あー　まわりは貴重な資料だらけだし
私だったら動けないかも
ええ
接触して破損したら取り返しがつかない
細心の注意を払いながら作業しているよ
大きい資料は複数人で声掛けしながら移動させている
せーので持ち上げますね
はい！
ここ棚があります
資料を持つ人は足元や周囲が見えづらいから状況を報告する人員も配置しているよ
持つのが大変な重い資料は台車も利用しているね
作業中のコミュニケーションってとても大事なんだね
うん　しっかりやらないと自分もケガしちゃいそうだよ

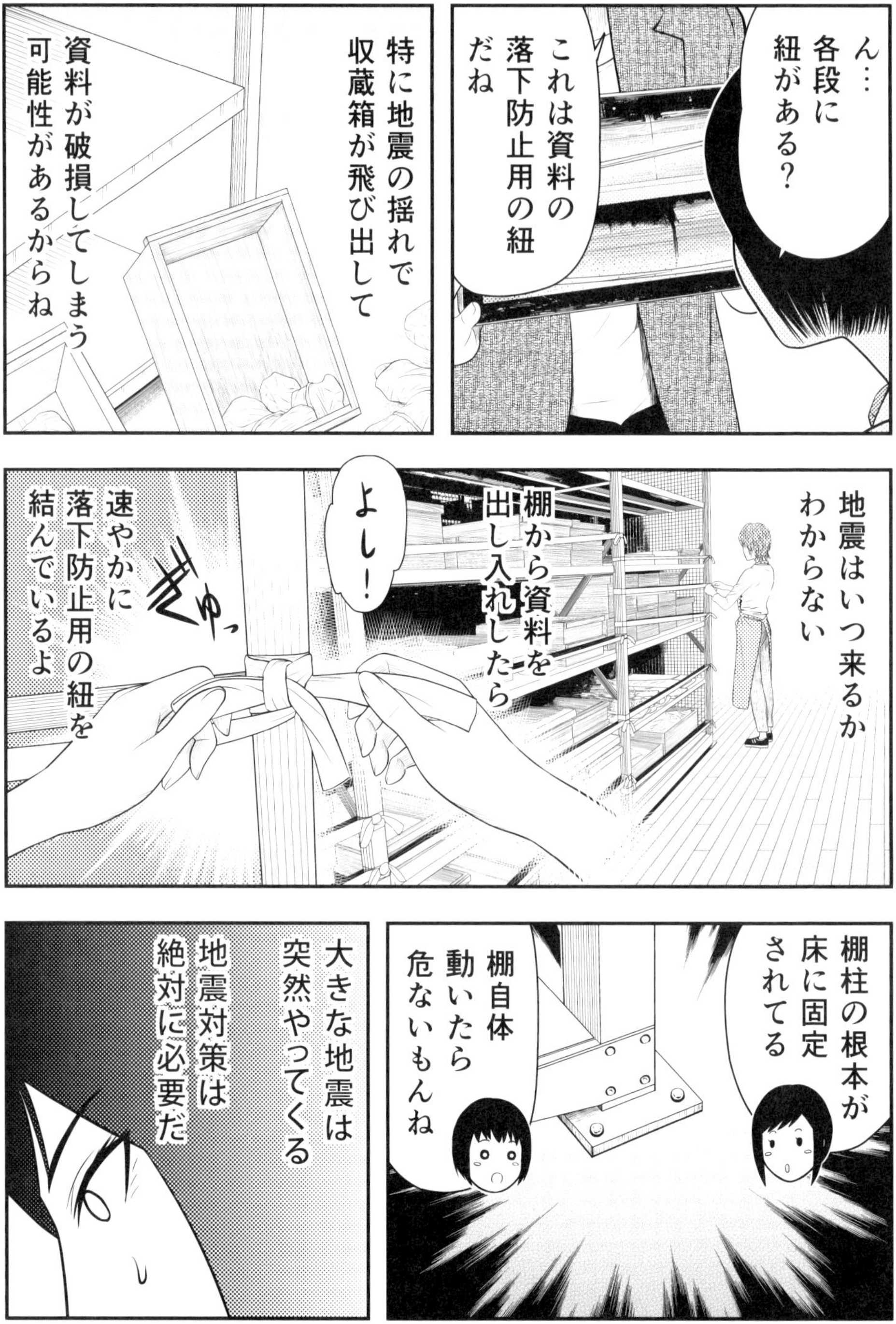
ん…各段に紐がある？
これは資料の落下防止用の紐だね
特に地震の揺れで収蔵箱が飛び出して資料が破損してしまう可能性があるからね
地震はいつ来るかわからない
棚から資料を出し入れしたら
よし！
ぎゅっ
速やかに落下防止用の紐を結んでいるよ
棚柱の根本が床に固定されてる
棚自体動いたら危ないもんね
大きな地震は突然やってくる
地震対策は絶対に必要だ

つづく！

鷹取ゆう…漫画家＆イラストレーター。
【著書】『博物館の「怖い話」』（二見書房、2023年）
『ただいま収蔵品整理中！』（河出書房新社、2021年）
【X（旧Twitter）】@yu_001oh

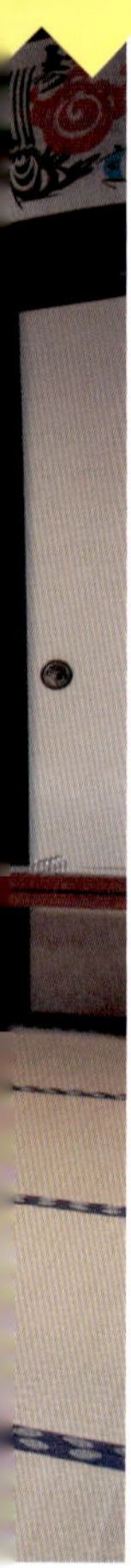

石出奈々子のれきはく！探検 第12回

かみさま全包囲網

石出奈々子●文

神様が、渋滞している。

茅葺《かやぶ》き屋根の下には一二本の神様飾り。座敷に上がれば右の襖《ふすま》上にぐるぐる模様の縁起物イラスト七枚、すぐ上にはスティック型の神様が七本［❶］。左上には大黒様とエビス様のポスター。真ん中には壁の三分の一を占める大きな仏壇が鎮座する。すぐ隣の部屋では天井ブチ抜きで屋根裏部屋にある立派な神棚を望むことができ、傍らには神様の像が二体。目線を下げるとズラリ神社のお札に［❷］、何やらめでたい感じの切り絵が五枚ぶら下がっている……［❸］。

お部屋のインテリアだとしたらちょっと独特のセンス。いや、率直に言って、ちょっと多すぎやしないだろうか。統一感のない神様たちが喧嘩してしまわないかと、心配になるくらいだ。何かよっぽど神頼みしたいことがあるのだろうか？　宝くじ当たれとか……？

国立歴史民俗博物館内に建てられた立派な一軒家、尾形《おがた》家住宅。宮城県気《け》仙沼《せんぬま》の湾に面した網元《あみもと》で、この地域の家五〇軒ほどがほぼ尾形さんであり、その中でも中心的な家、尾形家の大家《おおい》の一部が再現されている。この家自体が本社兼工場の役割を果たしていて、皆が仕事をしにやってくる。

作業の場となる広い土間の一角には、歓談や食事の場となる囲炉裡《いろり》があり、その一歩先を上がれば仏壇のある客間が続く。奥の部屋など一部を除いて、尾形家の作りは玄関、ダイニング、リビングに家族以外の人が当たり前に出入りする、プライバシーゼロ間取りだ。現代の感覚だと、とてもじゃないが耐えられない。

しかし尾形さんたちは、この間取りの家の中で多くの時間を共に過ごし、仕事仲間以上で親戚以上の関係を築いてきた。そうして年中行事も皆一緒に、この家でたくさん行われた。お盆には盆棚を設け、年末にはオシラサマという特別な神様を屋根裏から降ろし、お正月には歳神《としがみ》やオミダマという飾りで先祖を祀《まつ》った。さらにそれぞれが神様飾りを持ち寄り、お

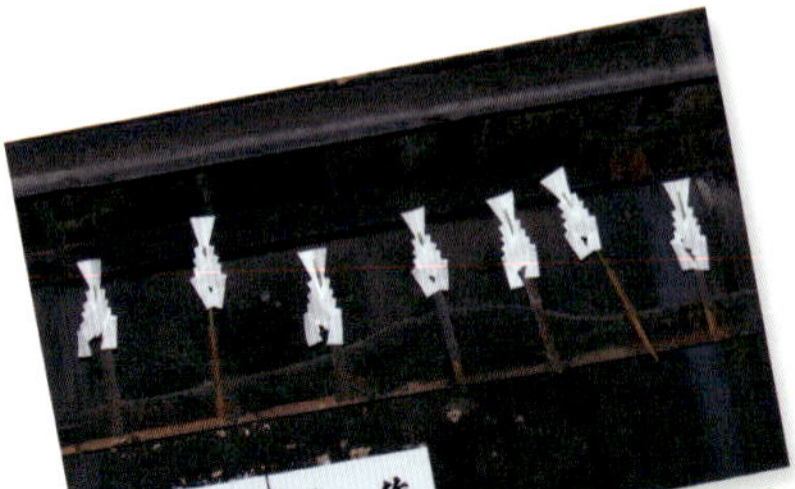

❶

❷

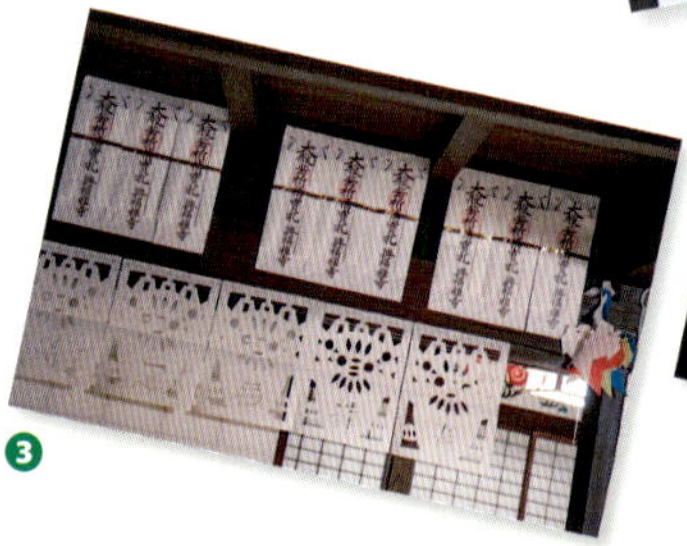

❸

札や幣束《へいそく》を置いていく。こうして神様は家の中にじゃんじゃん増えていく。

この神様渋滞インテリアは、手当たり次第祈っているからでも煩悩まみれなわけでもない。皆で過ごす行事の多さ、交流の多さ、絆の強さが作り上げたものなのだ。

そしてこの地において家という場所は、今生きている者とご先祖様と神様が皆、共に暮らす場所だと考えられているそうだ。人と人とを強く結びつけ、見守ってくれるその存在に囲まれ、いつでも身近に感じられるよう、家中のあらゆる場所にその眼差しが散りばめられているのだ。

昔の日本には、尾形家のような家がたくさんあった。この形はこれから減っていくものかもしれないが、「和モダン」「北欧風」「ハワイアン」……みたいに、「神様だらけ」というインテリアスタイルが残ってもいいんじゃないかと思う。それはきっと、ちょっと窮屈だけど懐かしく、あたたかみのある家に感じられるだろう。

ISHIDE Nanako　浅井企画のお笑い芸人　【代表的な作品】「ジブリっぽい女の子」のコントでピン芸人の大会『R-1ぐらんぷり2017』で第三位に。名探偵コナンやONE PIECEのルフィのモノマネでも活躍。出演に『エンタの神様』『踊る！さんま御殿』『ヴィランの言い分』など。ケーブルネット296『歴博のミカタ』でレポーターを務める。　【関心事】はじめての子どものこと、男の子育児　【X（旧Twitter）】@ecd775　【Instagram】@ishide_nanako　【blog】https://ameblo.jp/ecd775/　【Note】https://note.com/ecd775

加耶の史跡を探訪する

第3回（完）

韓国の歴史や文化に関心を寄せる人へ
ちょっと穴場な史跡をめぐる
三泊四日のプランを紹介
最終日の三日目（第三回）は
大加耶の王都・高霊《コリョン》の古墳群をめぐる

高田貫太●文

❶池山洞古墳群と主山城　右上が主山城で、左下のドームが王陵展示館。尾根筋の左端に44号墳がみえる（2016年、筆者撮影）

飛躍を遂げた大加耶の王都、高霊

高霊までの交通　三日目は、大加耶の王都、高霊《コリョン》（慶尚南道高霊郡大伽耶邑）を訪れて、大加耶の王陵群の高霊池山《チサン》洞《ドン》古墳群をめぐる。

大邱《テグ》のホテルを出て、最寄りの駅から一号線に乗って、西部停留場（서부정류장）駅に向かう。昨日降り立った東大邱《トンテグ》の駅からは、三〇分弱で到着する。後の旅程を考えると、おそくても午前一〇時には到着したい。地上に出ると、昔ながらの雰囲気がただようバスターミナル、大邱西部停留場［❷］があるので、そこから高霊行きのバスに乗る。バスは、一時間に一本程度の間隔で運行している。

バスは西へ向かい、新羅《しらぎ》と加耶の地理的な境だった大河、洛東江を渡り、山あいの地を走る。トンネルの多い道がつづくが、しばらくすると視界が開け、高霊の街並みがひろがる。天気が良ければ、街並みの背後の丘陵に、小高い墳丘の連なりを見つけることができるはずだ。目的地の池山洞古墳群である［❸］。

❷**大邱西部停留場**　大邱の西側の玄関口として機能する昔ながらバスターミナル（2016年、筆者撮影）

大加耶の王都、高霊　高霊のバスターミナルまでは四〇分ほどの道のりだ。ここで昼食を済ませたい［❹］。午後はかなり歩くことになるので、しっかりと腹ごしらえをしよう。ターミナル

❸**池山洞古墳群の遠景**　高霊の街並みと古墳群が一体となった景色が魅力的である（2016年、筆者撮影）

から徒歩で南西へ一五分、あるいはタクシーで五分ほど、池山古墳群と**主山《チュサン》城《ソン》**、そして**大加耶博物館**に到着だ［❶］。

　高霊は、五世紀にはいって急速に勢力をのばした大加耶の王都である。その王や王族、貴族などが葬られた墓地が池山洞古墳群、王城とされる主山城からつづく尾根筋に王陵がきずかれた。丘陵の斜面に営まれた中小の墓もあわせると、七〇〇基あまりが確認されている。加耶諸国の中で最大の古墳群であり、初日にめぐった金海大成洞《テソンドン》古墳群とともに、加耶を代表する古墳群のひとつとして、世界遺産に登録されている。

❹高霊のバスターミナルからみた池山古墳群　バスターミナルから徒歩で15分ほどかかる（2016年、筆者撮影）

　まず、大加耶博物館の展示で古墳群の概要を押さえて、副葬品を観賞し、古墳群の地図を手に入れておきたい。見逃せないのは王陵展示館である［❺］。発掘調査によって五世紀後半の王陵の全貌が明らかとなった池山洞四四号墳の実物大模型を展示している。中心に葬られた王を取り囲むように、王とともに殉死《じゅんし》した三〇人以上の人びとが葬られている状況は圧巻である。

　古墳群と主山城の一帯は史跡整備されていて、自由に見学できる。かなりの山登りとなるけれども、ゆっくりとめぐりながら、博物館で模型を見た四四号墳まではたどり着きたい。そして、脚に自信のある人は、王陵が連なる尾根を縦走し、古墳群の北、主山城の頂きまで登り切ってほしい。眼下に広がる壮観なパノラマに圧倒されること請け合いだ。

❺44号墳の実物大模型　主人が葬られた主石室のまわりを、殉死者が葬られた中小の石室が取り囲む（2016年、筆者撮影）

大加耶の歴史　古墳群の壮大さからもわかるように、盟主的な立場となった大加耶は五世紀後半に飛躍的な成長を遂げた。四七九年には加耶諸国の中で唯一、中国に使者を派遣し、当時の大加耶王の「荷知」が「輔国将軍本国王」に叙せられている。倭《わ》との関係も深く、王陵級の三二号墳には倭から贈られた甲冑が副葬されている［❻］。けれども、六世紀にはいると、百済《くだら》と新羅という強国のはざまで徐々に勢力を弱め、ついに五六二年、新羅の攻撃を受け滅亡した。ここに加耶の歴史は幕を下ろした。

衰退したころの大加耶の史跡を見学したい、という方には、オプションとして**古衙洞《コアドン》壁画古墳**を紹介する［❼］。大加耶博物館から南に歩いて三〇分ほどかかる。博物館の案内の方なら道を知っているはずだ。この墓の埋葬施設

❻高霊池山洞32号墳から出土した倭の甲冑　大加耶と倭の深いつながりを象徴する（国立金海博物館提供）

❼高霊古衙洞壁画古墳　残念ながら、保存のため埋葬施設は見学できない（2014年？、筆者撮影）

❽古衙洞壁画古墳の埋葬施設　おそらく夫婦二人が並んで葬られた。この「夫婦合葬」も百済の慣習である（啓明大学校行素博物館提供）

は百済の様式でつくられ、天井には百済に特徴的な彩色もほどこされた。葬られたのは、百済と緊密だった大加耶の貴族か、百済から派遣された外交官のような人物だった［8］。大加耶が百済と結ぶことで、新羅に抵抗して生き残りを図ろうとした歴史的な証拠のひとつである。

9 雪が残る大邱不老洞古墳群　大邱にのこる唯一の大規模な古墳群である（2011年、筆者撮影）

古墳群の見学が終わるのは、まちがいなく夕刻になる。でも、高霊から大邱へのバスは遅くまであるので心配はいらない。今夜も大邱に泊まろう。

新羅の古墳群　二泊した大邱は、韓国でも有数の歴史のある都市である。加耶を滅ぼした古代社会、新羅の遺跡も数多く発掘調査されている。ここを素通りするのはちょっともったいない。最終日の四日目、新羅の古墳群をひとつめぐり、帰路につきたい。

新羅の王都は慶州《キョンジュ》（慶尚北道慶州市）にあったが、大邱は、新羅の中で慶州につぐ有力な地域社会だった。大規模な古墳群もいくつかきずかれたが、その多くはすでに失われてしまっている。その中で**不老洞《プロドン》古墳群**は、開発の手をまぬがれ、発掘調査、史跡保存された貴重な古墳群だ［9］。大邱盆地の北西に、五、六世紀にかけてきずかれた。慶州と大邱、そして加耶との境の洛東江をつなぐ交通路の要衝の地にあたる。新羅の中央勢力と手を結んで成長をとげた有力者たちが葬られた。

不老洞古墳群までの行き方だが、東大邱駅北側の地下からバスが出ている。古墳群前の停留場（불로동고분군 앞 정류장）まで四〇分ほどで到着する。スマホで検索したり、案内の方に聞いたりして、バスの利用に挑戦してほしいが、帰りの時間もあるので、自信がなければタクシーを使おう。

現地をめぐるときには、昨日見学した池山洞古墳群とはちがって、低くてなだらかな丘陵を利用して墓をきずいている点に注目してほしい。このような立地が新羅の各地では一般的で、大加耶と新羅では、墓地の選定にちがいがあったようである。

古墳群を見学し終わったら、東大邱駅近くのバスターミナルにもどり、そこから金海国際空港行きのバスに乗ろう。所要時間は一時間二〇分ほどである。

以上、三回にわたって三泊四日の加耶の史跡めぐりプランを紹介してきた。グルメ旅や名所ツアーとはまた別の魅力があるはずだ。

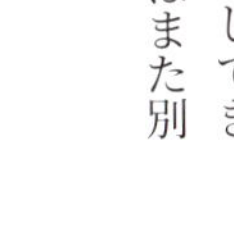

TAKATA Kanta　国立歴史民俗博物館教授（考古学）【著書】『アクセサリーの考古学　倭と古代朝鮮の交渉史』（吉川弘文館、2021年）、『異形の古墳　朝鮮半島の前方後円墳』（KADOKAWA、2019年）、『海の向こうから見た倭国』（講談社、2017年）【趣味・特技】息子と一緒ににゃんこ大戦争、韓国語

❶袖志の港（2011年7月撮影）

丹後半島の漁を支えた
チョロと磯見漁具

松田睦彦●文

京都府《きょうとふ》京丹後市《きょうたんごし》丹後町《たんごちょう》袖志《そでし》は、日本海に突き出した丹後半島の先端、経ヶ岬《きょうがみさき》の南西約二キロメートルに位置する近畿地方最北端の海辺の集落である。水田の広がる海岸段丘を背に、砂浜に沿って東西に細長く家々がのび、集落の西端には、入り江を利用した小さな漁港が見られる［❶］。弧を描く入江を囲むようにして建てられた舟小屋のなかには、三〇隻ほどの小型漁船がひしめいている。

日本海に面するこの地域の冬の寒さは厳しく、北に向けて開けた海の荒れ方には想像を絶するものがある。天気の悪い日には、海岸の沖合、数十メートルの位置に築かれた防波堤にあたる波が白くくだけ散り、その防波堤の脇からは、砂浜に大きな波が音をたてて押し寄せる。水田と集落は平均四〇センチメートルの雪に覆われ、戸外に人影

小規模な漁で使われてきた「チョロ」と呼ばれる小型の船

❷磯見（2011年5月撮影）

は見られない。

雪が解け、天候もおだやかさをとり戻す春、三月末ころから二か月ほど続くのがワカメ漁である。木箱やプラスチックの筒の底にガラスが張られた箱メガネを使って船の上から海中をのぞき、ワカメの生える位置を確認したうえで、先端に鎌の取りつけられた竹竿、ワカメカリガマを使ってワカメを刈って船まで引きあげる。「磯見《いそみ》」、「見突き」、あるいは「のぞき」と呼ばれる漁法である［❷］。

磯見をはじめとして、アゴアミ（トビウオの刺網《さしあみ》漁）や釣りなどの比較的小規模な漁で使われてきたのが「チョロ」と呼ばれる小型の船である。歴博の総合展示第四室（民俗）の「海つきの村」コーナーで展示されているチョロ「若松丸」は全長四メートル九〇センチ、幅一メートル三三センチ、高さ六〇センチ。今から四〇年ほど前につくられた木造和船である［❸］。チョロをはじめとする丹後半島の小型木造和船の特徴は、カワラ・中棚・上棚という三面からなる簡素な構造であり、船底のカワラが反り返っていることで水と接する面が広く、安定性が確保されている点にある。船べりから体を乗りだして箱メガネで海中をのぞく磯見に適した性質の船といえよう。

磯見では竿先に取りつける漁具をかえることによって、さまざまな海産物をとることができる。袖志ではワカメに続いて六月中はモズク、七月から八月はテングサといった海藻が採取されるほか、波の高さや水の透明度といった海の条件さえ整えば、アワビやサザエは一年中ねらうことができる。もちろん、魚が見えれば「ヤス」で突くし、ミズダコがいれば餌をつけた専用の仕掛けをロープでおろす。したがって、チョロのうえには漁獲対象に応じたさまざまな漁具が備えつけられている［4］。

若松丸の持ち主は袖志の松田正之さんであった。昭和一六年生まれで、若いころから勤め仕事や農作業の合間に磯見をしてきた。若松丸は水漏れを防ぐために、船底に強化プラスチックがほどこされているものの、状態は良好で、動力となる櫓《ろ》や磯見の際の操船に使われる櫂《かい》、さらには漁具までそろっている。袖志にたった一隻のこっていたこのチョロを、新しい総合展示第四室で展示するためにゆずってほしいと無理を承知でお願いす

3 展示室のチョロ

ると、袖志のことが紹介されるならばと、快く応じてくれた。

二〇一一年三月九日、チョロをいただきにうかがった。松田さんは舟小屋から静かに若松丸を海におろすと、軽快に櫓を押してクレーン付きのトラックが横付けされた港の入り口近くの岸壁まで漕ぎよせた［❺］。こころなしか大まわりをしたように見えたのは、私の気のせいではないだろう。

資料として博物館に収蔵される以上、若松丸がふたたび海に浮かぶことはない。松田さんはどのような思いで長年使った船の櫓を置いたのであろうか。大切にしたい歴博のイッピンである。

❹磯見の漁具（左からモズク用、ワカメ用、テングサ用、サザエ用、アワビ用、魚用）

❺若松丸の櫓を押す松田さん（2011年3月）

MATSUDA Mutsuhiko　国立歴史民俗博物館教授（民俗学）【著書・論文】「外交文書に見る朝鮮海通漁の成立—貿易規則から通漁規則へ」（『国立歴史民俗博物館研究報告』239、2023年）、『柳田國男と考古学—なぜ柳田は考古資料を収集したのか』（共編著、新泉社、2016年）、『人の移動の民俗学—タビ〈旅〉から見る生業と故郷』（慶友社、2010年）【趣味】薪ストーブにあたりながらボーとすること

映像の共有による、歴史と文化の研究のために

**研究者自身が映画監督の役割を担い制作してきた「民俗研究映像」
歴博内に保存される膨大な撮影素材をどのように保存・活用し
映像を必要とする人に提供するのか。またその課題とは**

内田順子●文

歴史・文化の研究のための映像制作

国立歴史民俗博物館は、一九八八年、「民俗研究映像」の制作を開始した。「映像による民俗誌」として、また「映像による論文」として、企画・撮影・編集のすべての過程において研究者自身が映画監督の役割を担い、映像作品を制作してきた。一～二時間ほどにまとめられた映像は、現在までで三二作品にのぼる【❶】。教育・研究目的の視聴に対してはDVDで貸し出しているほか、歴博の上映イベント【❷】や、展示施設内での常時公開などにより、活用をはかっている。

それぞれの作品は、五〇～一〇〇時間を超える撮影素材をもとに編集されている。膨大な撮影素材は、将来の研究活用を見据え、歴博内に保存されている。放送用・業務用の撮影に使われていたベータカムテープが多く、これまで、保存・活用のためのデジタル化や目録作成などに取り組んできた。撮影素材には、完成した映像に使用されなかった部分も含まれていることから、その資料的価値は、今後、増していく可能性があると考えている。

❶国立歴史民俗博物館 研究映像一覧表

制作年度	題名	制作担当者	規格（すべてカラー・日本語）
1988年度	芋くらべ祭の村ー近江中山民俗誌ー	上野和男 岩本通弥 橋本裕之	100分
1989年度	鹿嶋さまの村ー秋田県湯沢市岩崎民俗誌ー	岩井宏實 福原敏男	59分
1990年度	椎葉民俗音楽誌1990	小島美子	120分
1991年度	金沢七連区民俗誌　第1部　都市に生きる人々 第2部　技術を語る	小林忠雄 菅豊	70分 45分
1992年度	黒島民俗誌ー島譜のなかの神々ー 黒島民俗誌ー牛と海の賦ー	篠原徹 菅豊	60分 60分
1993年度	景観の民俗誌　東のムラ・西のムラ	福田アジオ 篠原徹 菅豊	各58分
1994年度	観光と民俗文化ー遠野民俗誌94/95ー 民俗文化の自己表現ー遠野民俗誌94/95ー 遠野の語りべたち	川森博司	45分 45分 29分
1995年度	沖縄・糸満の門中行事ー門開きと神年頭ー	比嘉政夫	110分
1996年度	芸北神楽民俗誌　第1部　伝承 芸北神楽民俗誌　第2部　創造 芸北神楽民俗誌　第3部　花	新谷尚紀	45分 48分 29分
1997年度	風の盆ふぃーりんぐー越中八尾マチ場民俗誌ー	小林忠雄	90分
1998年度	大柳生民俗誌　第1部　宮座と長老 大柳生民俗誌　第2部　両墓制と盆行事 大柳生民俗誌　第3部　村境の勧請縄	新谷尚紀 関沢まゆみ	70分 36分 16分
1999年度	沖縄の焼物ー伝統の現在	松井健 篠原徹	83分
2000年度	風流のまつり　長崎くんち	福原敏男 久留島浩 植木行宣	94分
2001年度	金物の町・三条民俗誌	朝岡康二 内田順子	90分
2002年度	物部の民俗といざなぎ流御祈祷	松尾恒一 常光徹	83分
2003年度	出雲の神々と祭り　第1部　美保神社 出雲の神々と祭り　第2部　佐太神社 出雲の神々と祭り　第3部　荒神祭り	関沢まゆみ 新谷尚紀	52分 45分 15分
2004年度	現代の葬送儀礼 地域社会の変容と葬祭業ー長野県飯田下伊那地方 村落における公共施設での葬儀ー長野県下條村宮嶋家 都市近郊における斎場での葬儀ー長野県飯田市佐々木家 葬儀用品問屋と情報	山田慎也	45分 45分 45分 45分
2005年度	AINU Past and Present マンローのフィルムから見えてくるもの	内田順子 鈴木由紀	102分
2006年度	伝統鴨猟と人々の関わりー加賀市片野鴨池の坂網猟ー	安室知	37分
2007年度	興福寺　春日大社ー神仏習合の祭儀と支える人々ー 薬師寺　花会式ー行法と支える人々ー	松尾恒一	71分 71分
2008年度	筆記の近代誌ー万年筆をめぐる人びとー〔本編〕 筆記の近代誌ー万年筆をめぐる人びとー〔列伝篇〕	小池淳一	52分 99分
2009年度	平成の酒造り〔製造編〕 平成の酒造り〔継承・革新編〕	青木隆浩	88分 88分
2010年度	アイヌ文化の伝承ー平取2010 アイヌ文化の伝承ー白老2010	内田順子	40分 40分
2011年度	比婆荒神神楽ー地域と信仰ー	松尾恒一	69分
2012年度	石を切るー花崗岩採掘の伝統と革新ー〔本編〕 石を切るー花崗岩採掘の伝統と革新ー〔技術編〕 石を切るー花崗岩採掘の伝統と革新ー〔インタビュー編〕	松田睦彦	69分 51分 59分
2013年度	盆行事とその地域差ー盆棚に注目してー 土葬から火葬へー両墓制の終焉ー 甑島の盆行事	関沢まゆみ	50分 28分 20分
2014年度	屋久島の森に眠る人々の記憶	柴崎茂光	80分
2015年度	明日に向かって曳けー石川県輪島市皆月山王祭の現在ー	川村清志	102分
2016年度	モノ語る人びと　津波被災地・気仙沼から	葉山茂	63分
2017年度	二五穴ーこの水はどこへ行くのかー 二五穴ー水と米を巡る人びとの過去・現在・未来ー	西谷大 島立理子 内田順子	20分 40分
2018年度	からむしのこえ	分藤大翼	93分
2022年度	ブーンミの島	春日聡	113分

❷1988年以来、30年間で制作された映像を一挙に公開するイベントを2018年に開催した

たとえば、『金物《かなもの》の町・三条民俗誌』（二〇〇一年度）では、玉鋼《たまはがね》の伝統的な製造工程を、ある鍛冶《かじ》職人に再現してもらい、それを撮影した。数年後、その関係のかたから、玉鋼の技術を学ぶため、完成した映像に使用しなかった部分も含めて撮影素材を視聴したい、という依頼があった。このときは、映像を制作した研究者および撮影に協力してくださった鍛冶職人にその依頼内容を伝え、許可をいただけたので、視聴につながった。

未使用の撮影素材は、映像の制作者がなんらかの理由で使用しなかったものである。その利用が、出演者の肖像権やプライバシー権を侵害したり、伝統的知識や技術の不適切な流出・利用につながったりするリスクもある。公開して差し支えないかどうかを判断するために必要な情報を収集したり整理したりすることにも、撮影素材が膨大であるだけ、たくさんの時間や手続きを要してしまう。課題は多いが、少しずつであっても、撮影素材の活用を進めていきたいと考えている。

撮影素材の活用に向けて

歴博共同研究「歴博研究映像の総合的活用の方法論の構築―沖縄地域の映像を中心に」（二〇二二〜二〇二四年度、研究代表：春日聡《あきら》）では、歴博の研究映像のうち、沖縄県の民俗文化・歴史をテーマとする四作品（『黒《くろ》島《しま》民俗誌』一九九二年度、『沖縄・糸満《いとまん》の門中《もんちゅう》行事』一九九五年度、『沖縄の焼物《やちむん》』一九九九年度、『ブーンミの島《しま》』二〇二二年度）を対象として、撮影素材を含めた活用の検討を進めている。

ここでとくに取り上げたいのは、『沖縄・糸満の門中行事』である。この作品は、沖縄本島南部に位置する糸満の「門中（もんちゅう・むんちゅう）」（父系の血縁集団で、糸満では同じ墓に入る人びとを意味する）で行われる行事に焦点をあて、洗骨儀礼や旧正月儀礼を記録し、沖縄の葬制や墓制、門中成員の結合意識などを考察したもので、沖縄の社会人類学的研究に取り組んだ比嘉政夫氏による映像である［❸・❹］。この作品は、上映などの公開の折には、撮影地のかたがたの心情に十分配慮して注意深くおこなうようにとの比嘉氏からの申し伝えとともに歴博に残された。映像について十分な説明が困難である場合には、上映を見送ったこともある。今後の活用について検討が必要な作品のひとつである。

現在実施中の共同研究では、比嘉氏が撮影対象とした糸満の地域の関係者と、今一度、関係性を作りなおしながら、比嘉氏が記録した時点の門中行事と、およそ三〇年を経過した現在とを比較し、現在の視点から、撮影素材も含めて映像を再構成する取り組みを進

❸墓の清掃（幸地腹《こうちばら》・赤比儀腹《あかひぎばら》両門中墓《りょうむんちゅうばか》）。約1600坪の敷地にある沖縄県内最大級の共同墓として知られる（歴博研究映像『沖縄・糸満の門中行事』より）

めている。これが可能になったのは、共同研究のメンバーで、葬制や死生観を研究している山田慎也氏が中心となり、比嘉氏の映像制作の時の協力者である金城善氏（元糸満市立中央図書館長）に相談を始めたことを契機としている。

映像を保管している歴博の研究者も世代交代が進んでおり、また、一九九〇年代に撮影した門中組織の関係者も世代交代のただなかにある。撮影当時のことを知る人と次の世代の人とが、映像を間におき、関係性を新たに作りなおすことで、映像を保存している私たちは、保存や活用を進めるために必要な情報を更新していくことができる。撮影地域の人びとの理解を得て、映像を共有しながら関係性を再構築することによって、映像を必要とする人が必要な時に、提供できるように準備する。学術研究を目的として地域の文化を撮影し、資料として蓄積してきた機関として、必要な、基礎的な仕事であると考えている。

❹ノロ殿内への年頭拝み。門中の代表者が村の最高の司祭者ノロを訪問し挨拶する（歴博研究映像『沖縄・糸満の門中行事』より）

UCHIDA Junko　国立歴史民俗博物館教授（民俗学／音楽・映像資料に関する研究）【著書・論文】『映し出されたアイヌ文化　英国人医師マンローの伝えた映像』（国立歴史民俗博物館監修・内田順子編、2000年、吉川弘文館）【趣味・特技】オルガン・チェンバロ・三線の演奏

EXHIBITION

歴博への招待状

企画展示
「歴史の未来—過去を伝えるひと・もの・データ—」

2024年10月8日（火）～2024年12月8日（日）　企画展示室A・B

後藤 真●文

あなたが一〇〇年後に伝えたいものは何ですか？歴史資料を理解し保全するための情報技術も展示

二〇二四年秋、企画展示「歴史の未来—過去を伝えるひと・もの・データ—」を開く。この企画展示のメインメッセージは「あなたが一〇〇年後に伝えたいものは何ですか」である。私たちは、社会生活を営む上で、過去と強く関係して生きている。過去を肯定的に捉えるにせよ、否定的に捉えるにせよ、過去の延長線の社会の中に私たちは生きているのである。そして、この過去を捉える根拠となるものが「歴史資料」なのである。歴史資料というと、まずはどうしても素晴らしい絵画や彫刻、古文書《こもんじょ》などを意識してしまいがちだが、それだけではない。私たちが日頃生活している、その様子を示すものが残されることで重要な資料となるのである。今回の展示では、過去の人々がいかに過去を見てきたかから始まり、日々の人々の生活の記録などを展示している。また、災害が頻発するようになった昨今、歴史資料もその影響を大きく受けている。災害によって歴史資料が失われるという事態にいかに私たちが対処してきたか。そして、災害によって生活が失われてしまった時に、復興の重要な縁として歴史資料がどのような存在となるかを描いており、新型コロナウイルス感染症のアーカイブまで含め、歴史資料の新たな広がりを示す展示となっている。

さらに、現在において、歴史資料を理解するためには情報技術の活用という視点も外すことができない。後半では歴史資料を理解するための情報技術や、資料の保全に役立つ情報技術の応用などについて展示を行っている。

　そして、今回の展示では歴博がこれまで進めてきた多様な歴史資料への関わりが展示されていることも特徴である。歴博ができる経緯にかかわる資料や、歴博がこれまで進めてきたデータベース構築の活動なども見ることができる。

　歴史資料の新たな広がりの形を、この展示から見ていただければ幸いである。

出陳予定の紅綸地御簾檜扇模様紋縫振袖（国立歴史民俗博物館蔵）*

GOTO Makoto　国立歴史民俗博物館准教授（歴史情報学）【著書・論文】亀田尭宙・後藤真「地域歴史資料Linked Dataのための情報基盤構築」（『情報処理学会論文誌』65(2)、2024年2月）、「デジタル歴史資料が導き出しうる「パブリック・ヒストリー」とは」（『歴史学研究』（1021）45-49、2022年4月）、『歴史情報学の教科書　歴史のデータが世界をひらく』（共著、文学通信、2019年）【趣味・特技】最近仕事ばかりでよくわかりません【X（旧Twitter）】@mak_goto（ただし、最近はほとんど使っていません）

EXHIBITION　歴博への招待状

入館券売り場でこのページをお見せください。

本誌を持参いただくと、企画展示「歴史の未来—過去を伝えるひと・もの・データ—」を団体料金で観覧できます！

＊総合展示も合わせてご覧になれます

どちらかを選択してください（どちらか一方のみ利用できます）

一般	大学生
1,000円を**800円**	500円を**400円**
1名1回限り有効	1名利用の場合、2回まで有効 2名利用の場合、1回まで有効
日付	日付

企画展示
歴史の未来
―過去を伝えるひと・もの・データ―
あなたが100年後に残したいものは何ですか？
2024
10.8 火 ▶ 12.8 日
【会場】国立歴史民俗博物館　企画展示室 A・B
【開館時間】9:30 ～ 16:30（入館は 16:00 まで）
【休館日】月曜日（休日にあたる場合は開館し、翌日休館）
【入館料】一般 1,000 円(800 円)/ 大学生 500 円(400 円)
※（　）内は 20 名以上の団体料金。
※高校生以下入館無料。
※総合展示・くらしの植物苑もご覧いただけます。
主催：大学共同利用機関法人 人間文化研究機構　国立歴史民俗博物館
国立歴史民俗博物館
National Museum of Japanese History
〒285-8502　千葉県佐倉市城内町 117
【アクセス】
電車 京成電鉄「京成佐倉駅」または JR 東日本「佐倉駅」下車
お車 東関東自動車道四街道 IC または佐倉 IC から約15分
国道 296 号沿い（無料駐車場完備）
【お問い合わせ】ハローダイヤル：050-5541-8600
れきはくホームページ　https://www.rekihaku.ac.jp
最新の情報はホームページ等をご確認ください。
れきはくホームページ
https://www.rekihaku.ac.jp

SPOT LIGHT
若手研究者たちの挑戦

賀 申杰●文

外国船の修造から日本近代造船業を考える

日本で不足していた大中型船の
点検・修理のためドライドック
「開国」後の日本は外国船の修理需要に
どのように対応していたのか

●近代日本の造修船業と外国船

国土交通省の統計によると、現在日本の貿易量の九九％以上を依然として海上輸送が占めていますが、交通の面では、民間航空と高速道路、高速鉄道の普及にともなって船に乗っての長距離移動はもはや一種の贅沢なレジャー体験となっています。しかし、一五〇年ほど前の近代日本では、ヒトやモノの移動や情報の伝播において、船は代えがたい役割を果たしていました。また、当時外国船、とくに軍艦は所属国の権威や海外利益の象徴としてみなされることが多く、周知の通り、黒船の来航は日本の「開国」の直接的なきっかけであり、日本史の時代区分上、「近代」の起点としてみなされることも多いでしょう。

しかし、当時、船舶の大型化と鉄製・鋼製化にともない、その点検・修理のためには、曳き蒸気機関を有する修船架が、あるいは海岸に掘削したドライドックが必要で、東アジアの開港場に来航した外国船の多くは、これらの修理・点検施設の不足という難問に直面していました。上記そのような背景のなかで「開国」後の日本は日々増えている外国船の修理需要にどのように対応していたのか、これが筆者の研究テーマです。

外国船の修理からみる明治日本の造修船業

　一八四五年、スコットランド人の造船技師ジョン・クーパーは広州《こうしゅう》に東アジア最初のドライドックを建設しました。そして、一八六〇年代になると、香港《ほんこん》や上海《しゃんはい》にも欧米人経営の船舶修理会社が相次いで開業しました。当時、欧米諸国の外交官たちは何度もドライドックの建設を幕府に建言、要求しましたが、フランス人の指導下で横須賀《よこすか》に日本最初の本格的なドライドックが竣工したのは、維新後の一八七一（明治四）年まで待たなければなりませんでした。その後、これらのドライドックは新政府の管轄下で、明治期の日本造船業を支えてきましたが、長い間、民間造船業のドライドックの建設・整備は停滞したままでした。たとえば、多数の内外船舶が来航する東京湾の場合、明治三〇年代まで同地域に大中型船舶の修理を実施し得るドックは海軍の横須賀造船所にしか存在していませんでした【❶】。

　この状況について、これまでの研究はよく日本近代造船業の「軍事優先の性格」を強調していますが、船の新造ではなく修理事業から出発した近代造船業は果たして軍需を最優先としていたのでしょうか。この問題について筆者は、外国船の修理に関する史料を分析し、異なる見解を提示しました。

　たとえば、明治期を通して、外国船の修理要求を受けた場合、「軍工廠《ぐんこうしょう》」だった横須賀造船所は常にそれを最優先に処理し、外国船に日本海軍の艦船を含む国内船以上の優遇を与えていました。なぜかと言うと、ヒト、モノの国際移動や情報の伝播を担う商船、郵船、あるいは国の権威の象徴とみなされる外国軍艦の修理要求について、当時の海軍省、外務省などの中央官庁はその受け入れを「文明国」が果たすべき国際責務として考えていました。これまで「富国強兵」や「殖産興業」の視点から検討されてきた近代造船業は、実際このような「文明開化」をアピールする役割を担っていました。

❶横須賀造船所のドライドックで修理中のイギリス軍艦Iron Duke、1874（明治7）年（『日仏文化交流写真集』第1集、駿河台出版社、1986年より）

●帝国日本と艦船輸出

明治三〇、四〇年代になると、戦争を経て植民地を有する帝国になった日本は近隣の清、大韓帝国、フィリピン、暹羅《しゃむ》（タイ）に合計二〇隻以上の艦船を輸出し、日本造船業と外国の需要との間に新たな局面が展開されました［❷］。この時期、日本の造船業は飛躍的な発展を遂げたとはいえ、技術水準や生産コストの面では依然として欧米同業者に遅れを取っていました。このような背景のなかで、近隣諸国はなぜ欧米ではなく日本の民間企業に艦船を注文したのか、日本の造船所は艦船の輸出を通して経営上どれほどの利益を得たのか、また、帝国日本の政軍機関は艦船の輸出を通してどのような目的を達成しようとしたのか、筆者はこの三つの疑問を感じていました。これから日中韓に残る史料を調査・整理しながら、これらの問題の答えを見つけたいと思っています。

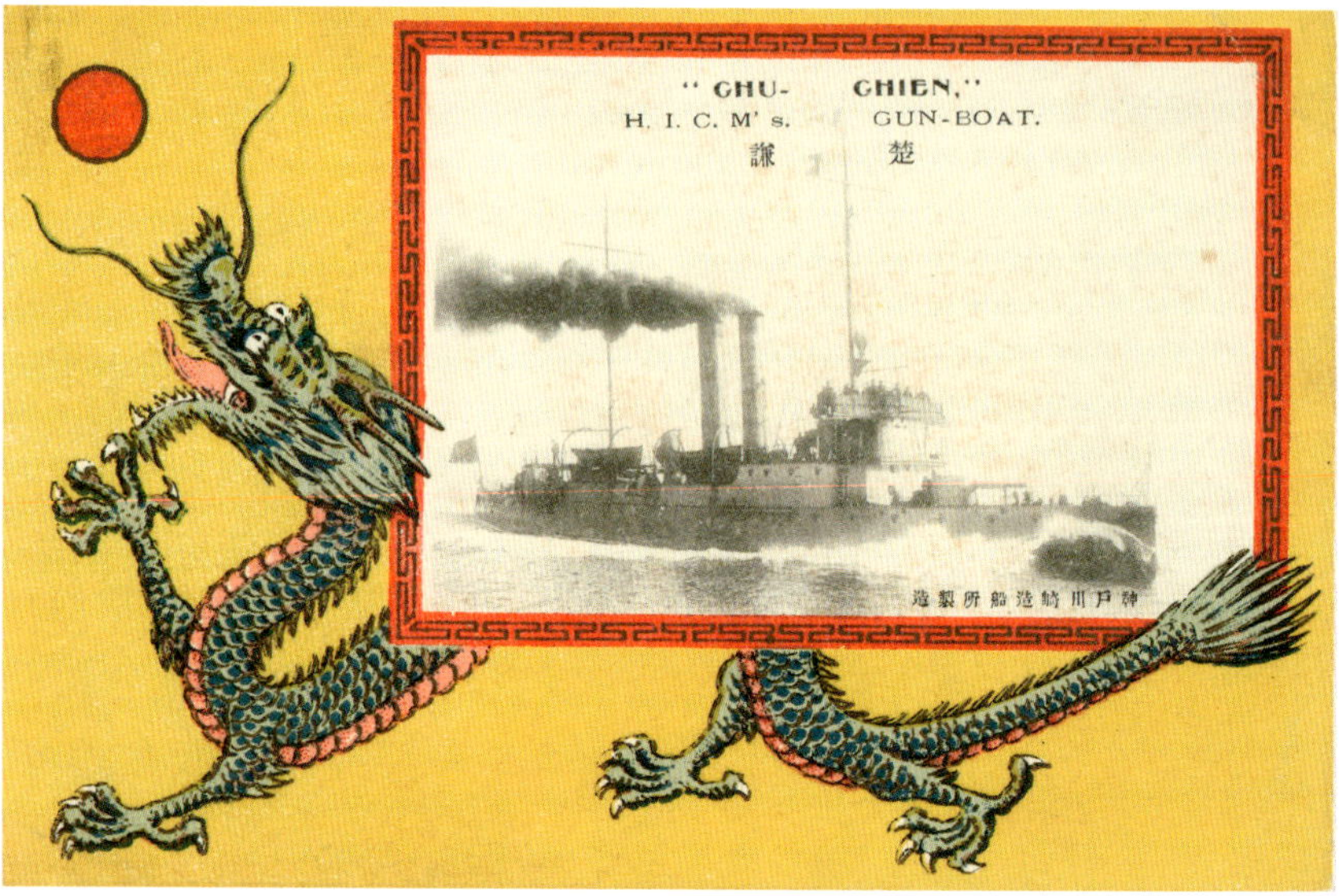

❷川崎造船所が清に輸出した長江砲艦楚謙の絵葉書（国立歴史民俗博物館蔵）*

HE Shenjie　国立歴史民俗博物館プロジェクト研究員（日本近代史）【論文】「日清・日露戦間期の官民造修船業における修理船の事業構造―外国船の修理を手掛かりに」（『史学雑誌』133-3、2024年3月）、「横須賀造船所の外国船修理事業―明治一六年海軍軍拡以前を中心に」（『史学雑誌』130-2、2021年2月）、「明治後期の川崎造船所における外国発注艦建造問題に関する一考察」（『史学雑誌』126-7、2017年7月）【趣味・特技】艦船プラモデル、クラシック音楽

一緒に学びませんか？

歴博友の会　会員募集中！

普通会員は『REKIHAKU』が毎号届きます
展示図録が会員割引で買えました
先生と一緒に遺跡や史跡をめぐる歴史の旅もあるんですって
くらしの植物苑の朝顔も菊も何回も観られるのよ
古文書が読めるようになったんですよ
企画展示が何度でも観られますよ
わたしは家でオンライン講座
いつでも入会できます！

会員特典

- 国立歴史民俗博物館（常設展示、企画展示）及びくらしの植物苑に期限内は何度でも無料で入館（入苑）できます。
- 普通会員と維持会員には『REKIHAKU』が無料で届きます。
- 友の会会報『友の会ニュース』が届きます。
- 友の会会員だけのイベントに参加できます。（講座や講演会、見学会など）
- ミュージアムショップのオリジナルグッズや人気の商品が会員割引で購入できます。
- 提携館に団体料金で入館できます。

年会費のご案内

- 普通会員　8,000円（継続の場合7,000円）
- 準会員　3,000円
- 家族会員　5,000円（家族2人分）
- 維持会員　100,000円（個人または団体で、友の会の活動を援助してくださる方。）

お申込方法

①下記申込先に「歴博友の会に入会希望」と記載の上、お申し込みください。
（FAX、Eメールの場合は郵便番号、住所、氏名、連絡先電話番号をご記入ください）
②折り返し、郵送にて「入会のご案内」及び「振込用紙」をお送りします。
③振込用紙を使って、郵便局にて年会費をお支払いください。
（歴博エントランスホール総合受付でもお受けいたします）

お支払い済みの振込用紙の半券でその日から歴博およびくらしの植物苑に入館（苑）できます。
④後日、郵送で会員証がお手元に届きます。

申込先・お問合わせ先

〒285-0017　千葉県佐倉市城内町117
一般財団法人歴史民俗博物館振興会　友の会係
TEL：043-486-8011　FAX：043-486-8008　Eメール：tomonokai@rekishin.or.jp
ホームページ：https://www.rekishin.or.jp/tomonokai-home-flame.htm

第11回

城端別院善徳寺 オンライン古文書収蔵庫

一般募集の解読員がオンラインで翻刻に参加 現在400点あまりの史料を公開中

橋本雄太●文

富山県南砺市《なんとし》にある善徳寺《ぜんとくじ》は、室町時代の一四四四（文安《ぶんあん》元）年に創建された、真宗大谷派の寺院です。創建後、幾度かの移転を経て、中世の城端《じょうはな》城跡を引き継ぎ寺域としたこと

❶善徳寺のウェブサイト。画面右の「古文書収蔵庫」から公開資料を閲覧できる

から城端別院と呼ばれます。

　善徳寺はこれまで火災に見舞われたことがなく、同寺には創建以来の膨大な点数の古文書が伝わっています。NPO法人善徳文化護持研究振興会（善文研）は、善徳寺に伝わる文化財護持を目的として設立された団体であり、二〇二〇年度からこれら古文書のデジタルスキャンと全文翻刻《ほんこく》に取り組んできました。そして二〇二四年五月末、五年の事業期間を経てついに史料画像と翻刻文の一般公開を開始しました。公開史料は、善徳寺ウェブサイトの「古文書収蔵庫」ページから閲覧することができます［❶］。今回公開された古文書は四〇〇点あまりですが、今後二〇二七年度までに九三〇九点の公開を目指すとしています。

　実は筆者は二〇二四年一月に善徳寺を訪問し、古文書収蔵庫を見学するとともに、善文研で古文書調査班長を務める浦辻氏から、古文書の翻刻作業の過程について詳しい説明を受ける機会を得ました。現在までにスキャン画像一〇万枚のうち四万枚の翻刻が完了しているとのことですが、驚くべきは、その作業がほぼ完全にオンラインで参加する無償・有償解読員の手によってなされたということです。

　古文書の翻刻には多数の熟練した解読者の協力が不可欠です。しかしそうした人材を地域で確保することは容易ではありません。そこで善文研は、寺院ウェブサイト等を通じて古文書の解読員を全国から一般募集し、四〇名あまりの解読員がオンラインで協働して翻刻を進める体制を構築したのです。筆者も「みんなで翻刻」という参加型の翻刻プラットフォームを運営していますが、一般の寺院がこのようなオンラインの仕組みを構築した事例を他に知りません。

　古文書の解読員の募集は現在も継続しているようですので、興味のある読者は善文研のウェブサイトをご覧ください。ヨーロッパ在住の解読員も翻刻に参加しているとのこと。重ね重ね驚くべき話です。

HASHIMOTO Yuta　国立歴史民俗博物館准教授（人文情報学、科学史）【著書・論文】「『みんなで翻刻』の運用成果と参加動向の報告」（『人文科学とコンピュータシンポジウム2020論文集』2020年）、「AI文字認識とクラウドソーシングを組み合わせた歴史資料の大規模テキスト化」（『人工知能学会誌』36−6、2020年）【趣味・特技】海釣り、ランニング【X（旧Twitter）】@yuta1984

くらしの植物苑 歳時記

特別企画のご案内

特別企画「伝統の古典菊」

2024年10月29日（火）～11月24日（日）

「菊細工番付《ばんづけ》の変遷」をテーマに、江戸時代後期に流行した菊細工について、その番付を取り上げて歴史的な変遷を紹介するとともに、出版文化の視点から見ていきます。

花曇《はなぐもり》（江戸菊）

白雲丸《はくうんまる》（丁子菊《ちょうじぎく》）

特別企画のご案内

特別企画「冬の華・サザンカ」

2024年11月26日（火）～2025年1月26日（日）

野生種に近いサザンカ群、獅子頭から作出されたシシガシラ（カンツバキ）群、ツバキとの交雑から生まれたハルサザンカ群など、約一四〇種の品種を鉢植えで展示します。

花自慢《はなじまん》（サザンカ群）

武蔵野《むさしの》（シシガシラ群）

施設情報

●開苑時間

9：30 ～ 16：30

［入苑は16：00まで］

●休苑日

毎週月曜日

［ただし、休日の場合は翌日が休苑］

年末年始［12月27日～1月4日］

※悪天候の際は安全のため臨時に休苑させていただくことがあります

●入苑料

・個人（大学生以上）：100円

・団体（20名以上）：50円

※入苑料には消費税が含まれております。

※小・中学生、高校生は入苑無料 ※障がい者手帳等保持者は介助者と共に入苑無料

※博物館の半券の提示で、当日に限りくらしの植物苑にご入場できます。また、植物苑の半券の提示で、当日に限り博物館の入館料が割引になります。

●植物苑へのアクセス

常設展示のご案内—11月から2月にみごろを迎える植物

12月 リュウキュウマメガキ
マンリョウ

11月 サフラン
ツワブキ

2月 ウメ
タチバナ

1月 ロウバイ
ソシンロウバイ

野球殿堂博物館
文京区後楽で六五年

野球を「つなげる」「ひろげる」「たたえる」ために 一九五九年に開館し六五周年を迎えた歴史ある博物館

関口貴広●文

公益財団法人野球殿堂博物館は、一九五九年六月一二日に開館し、今年で六五周年を迎えた［❶］。米国ニューヨーク州クーパースタウンにある「National Baseball Hall of Fame and Museum」を参考に、プロアマ野球界が株式会社後楽園スタヂアム（現 株式会社東京ドーム）の協力を得て、同球場正面広場の一角に設置した。

同年一月に開館した秩父宮記念スポーツ博物館（現在休館中）に次ぎ、スポーツの博物館としては最も歴史のある博物館のひとつといえる。

文京区後楽と野球

文京区後楽《こうらく》と野球の縁は深い。

この地は、日本野球発祥の地として記念碑の建つ学士会館から一・五キロメートルほど北に位置している。小石川後楽園の東側一帯、現在の東京ドームシティにはかつて東京砲兵工廠《ほうへいこうしょう》が存在した。この工場の一角で、鉄道関係の工場（平岡製工所）を経営していたのが、平岡《ひらおか》凞《ひろし》である［❷］。

平岡は一八七一（明治四）年に渡米し、

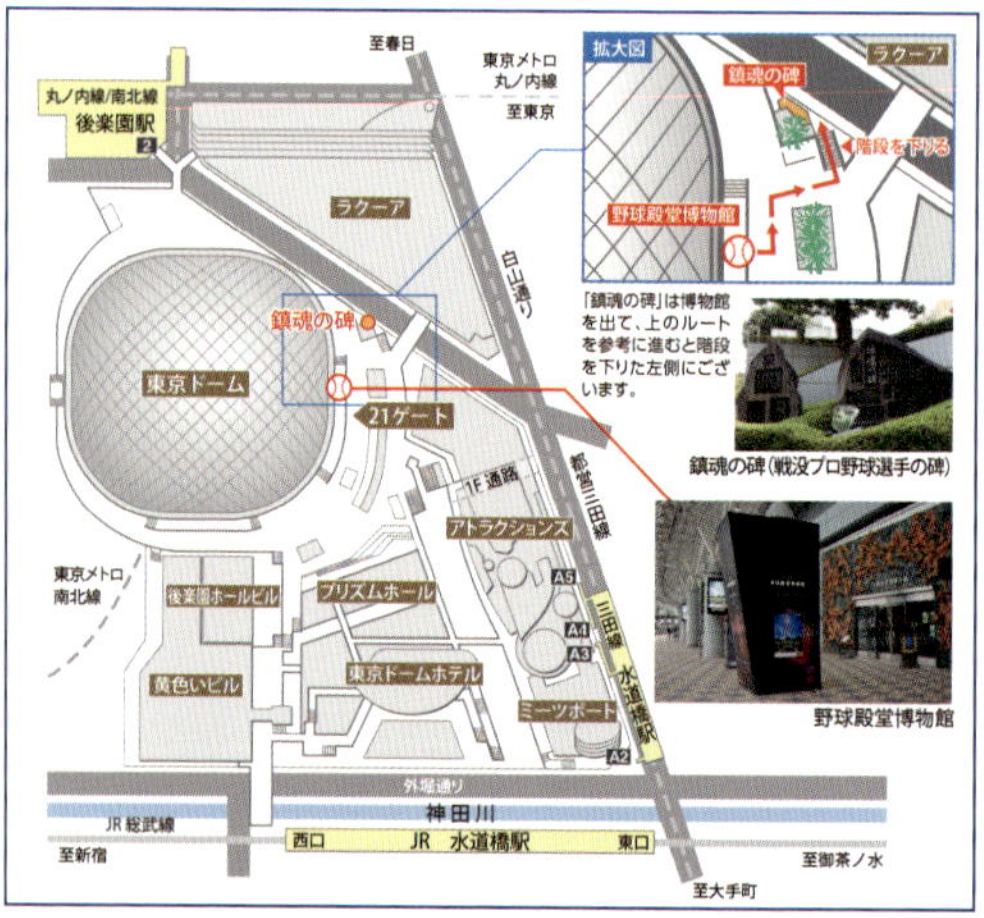

野球殿堂博物館入口

鉄道の製造技術を学んだ。現地でベースボールに親しみ、帰国後、勤務先の新橋鉄道局にて日本初の野球チーム「新橋アスレチック倶《く》楽《ら》部《ぶ》」を結成し、明治一〇年代の中心的存在となった。平岡は同鉄道局を退職後、東京砲兵工廠の敷地の一部を借り受け、一八九〇（明治二三）年に平岡製工所を設立、車両だけでなく鉄橋、信号などの生産も行った。砲兵工廠敷地の南東側、現在の東京ドームシティミーツポート付近に約一〇棟の工場が稼働したという（一八九六年に錦《きん》糸《し》町《ちょう》に移転）。

東京砲兵工廠は一九三五（昭和一〇）年に、その機能を福岡県の小倉《こくら》工廠《こうしょう》に移した。その頃、日本の野球界

❷平岡凞レリーフ

❶1959年開館当時の外観

は東京六大学リーグ戦や、春夏の中等学校野球（現在の高校野球）が大きな人気を集めていた。学生ＯＢ選手の活躍の舞台として、職業野球（プロ野球）創設の機運が高まり、一九三四（昭和九）年のベーブ・ルースら大リーグのスター選手が来日した日米野球をきっかけに、一九三六（昭和一一）年、七球団で日本職業野球連盟が創設された。

　連盟にとって大きな課題となったのが球場問題であった。特に東京では明治神宮野球場が学生野球優先で使用できず、上井草《かみいぐさ》球場（杉並区）、洲崎《すさき》球場（江東区）が新設されたが、立地やグラウンド状態に問題を抱えていた。そうした中、東京砲兵工廠跡地に新球場を建設する計画が実現することとなり、一九三七（昭和一二）年九月一一日、後楽園スタヂアムが開場。以降、戦前戦後のプロ野球のメッカとして多くのファンに親しまれた。

　一九五二（昭和二七）年にはフランチャイズ制が敷かれ、読売ジャイアンツを始め複数のチームが本拠地としたこともあり、一九八七（昭和六二）年の閉場までの公式戦開催数は七一六八試合で現在でも最多となっている（二〇二三年終了時の二位は阪神甲子園球場の五五七三試合）。

　一九八八（昭和六三）年には後楽園球場の隣接地に東京ドームが開場。以降も読売ジャイアンツ、日本ハム・ファイターズの本拠地（※日本ハムは二〇〇三年まで）として多くのファンを集め、二〇〇〇年代に入ると野球日本代表が出場するワールド・ベースボール・クラシック（以下ＷＢＣ）やプレミア12などの国際大会の開催地として、数々の名勝負が生まれている。

野球殿堂博物館の特色

　当博物館は東京ドームの開場に伴い、東京ドーム二一ゲート右の階下にある一七六〇平方メートルの区画に移転した。当館は開館当初からプロ野球一二球団に加え、アマチュア野球界にも支えられて運営している日本野球の博物館で、プロ野球に加え、アマチュアの社会人、大学、高校、軟式、少年野球や女子野球の展示があり、五万冊の蔵書をもつ図書室を併設している。

　博物館としての大きな特色のひとつが「野球殿堂事業」である。日本野球界の発展に貢献された方を顕彰する事業で、開館当初より継続して行っており、競技者表彰、特別表彰の二つの委員会の事務局として本事業を運営している。かつてこの地で工場を営んだ平岡凞も、開館初年度の顕彰者九名のうちの一人として殿堂入りした。顕彰者は年々増え、館内の野球殿堂ホールには現在二一八名のレリーフが展示されている【❸】。

　また、もうひとつの特色が博物館としては異質の速報性にあると考える。二〇二三（令和五）年三月に大きな話題となったWBCでは、東京ドームで開催された一次、準々決勝ラウンド五試合のウイニングボールを毎試合終了後の深夜に収集し、展示準備とSNSでの告知を済ませ、翌朝より公開した［❹］。また、野球日本代表が優勝し帰国した翌日の三月二四日から優勝トロフィーや決勝戦のウイニングボールなどを展示し、多くのファンと喜びを共有することができた。

毎年夏には小学生向けに「野球で自由研究！」という展示、イベント、相談コーナーの複合企画を行い、野球振興にも力を入れている。今後もミッションである「つなげる」「ひろげる」「たたえる」を実現すべく、特色ある活動を続けていきたいと考えている。

❸野球殿堂ホール

❹2023WBC展示

SEKIGUCHI Takahiro
公益財団法人野球殿堂博物館事業部次長（学芸員）（博物館学）【関心事】一〇年後の東京

川村清志●文

キノコの季節に潜む闇

毒キノコをめぐる「迷信」という迷宮

日本人は太古からキノコを利用してきた。現代では養殖技術のおかげでシイタケやシメジ、エノキタケなどは、日常的に利用されている。秋になると地方の定期市や道の駅には、マツタケは言うに及ばず、様々な天然キノコが販売されている。

ただし天然キノコの利用には大きな危険がともなう。毒キノコの存在である。代表格は、自然の色とは思えない赤いカサを開くベニテングタケだろう。触れるだけで炎症を起こすと過大に危険視されたカエンタケも〔❶〕、メディアを通じて有名になった。しかし、これらは毒キノコの迷宮のほんの入口に過ぎない。

毒キノコの危うさは、食用キノコによく似たものが多いことである。シイタケによく似たツキヨタケは、全く毒々しくない。シメジのようなイッポンシメジやクサウラベニタケ、エノキタケによく似た致死性の毒キノコもある。各々の判別ポイントは存在し、図鑑などでも紹介されているが、それでも中毒は後を絶たない。

もっと怖く、謎めいたこともある。これまで食用とさ

❶カエンタケ（写真提供：吹春俊光）

❷スギヒラタケ（写真提供：吹春俊光）

れてきたキノコが、実は毒キノコだと宣告されることがある。例えばスギヒラタケという温和な白色のキノコは〔❷〕、二〇年くらい前なら、安心安全な食用キノコとして図鑑で紹介されていた。東北地方では広く利用され、缶詰が作られていたことさえあった。ところが、二一世紀になってこのキノコを食べて急性脳症を起こして死亡する危険性が指摘され、一気に毒キノコへと闇堕ちすることになる。他にもシモコシやコガネタケなど、一部の地方では好まれるが、毒キノコに認定されたものが少なくない。

侮りがたいのは、キノコをめぐる「迷信」である。キノコが縦に二つにさければ食べられる、胡瓜《きゅうり》や茄子《なす》と一緒に煮れば毒が消える、塩漬けすれば毒が抜ける、などなど。これらを地域の人たちが培ってきた経験的な知識、いわゆる民俗知や土着の知恵ととらえることは、到底、できない。その判断に従うと大部分の毒キノコが、利用可能になってしまう。ただし一部の毒キノコは、本当に塩漬けして利用される地域もあるので、一筋縄ではいかない。自然科学の知見もどんでん返しがあり、民俗知もあてにならない。毒キノコの迷宮は、食と文化に潜む深い闇を私たちに垣間見せてくれる、そんな気がする。もっとも、単に食べないという選択肢も、あるのだけれど。

KAWAMURA Kiyoshi　国立歴史民俗博物館准教授（文化人類学・民俗学）【著書】『明日に向かって曳け』（民俗研究映像、監督、2016年）、「民俗文化資料のデジタルアーカイブ化の試み―文化資源化と研究分野の更新に向けて」（『国立歴史民俗博物館研究報告』214、2019年）【趣味・特技】料理、釣り、句作、アニメ鑑賞

年輪から読む人と木の歴史

箱﨑真隆●文・写真

第2回▼杉のいた場所

杉は本来、どこにいたのか

日本列島は約七割が森林に覆われ、うち四割は人工林である。そして人工林の半分が杉林となっている［❶］。ざっくり言うと、日本で一番土地を占有している生きものは杉である。日本人はせっせと杉を育ててきたが、外国産材の影響で売れなくなってしまった。やがて杉林を放置するようになり、花粉症に悩まされるようになっている。

そもそも杉とはいかなる植物なのか。天然の杉は屋久島《やくしま》など限られた場所にしかいない［❷］。杉は農具や建材など日本人の生活を先史時代から支えてきた。戦国時代から第二次世界大戦までの過度な森林資源利用、戦後の拡大造林期などを経て、杉は本来の生息地や生態がよくわからない植物になってしまった。

人の影響が強まる以前、杉はどこにいたのか。そのヒントは縄文時代の埋《まい》没林《ぼつりん》にある。福井県三方五湖《みかたごこ》に面する水田や、山口県宇生賀《うぶか》盆地の水田からは、莫大な数の杉の埋もれ木が掘り上げられてきた［❸・❹］。酸素同位体比年輪年代法や炭素14年代法は、これらの杉が泥炭地に一千年以上にわたって優占林を形成していたことを明らかにした。現在、人間が水田として利用している平らで水の溜まりやすい場所こそ、杉のいた場所なのである。

本来の居場所を奪われ、無理やり山に植え付けられ、金にならないとなれば放置され。

人間の勝手な都合で住む場所を追いやられてきた杉からのプレゼントが、花粉症なのかも知れない。

❶杉の人工林（福島県摺上《すりかみ》ダム周辺の山林）

❷屋久島の杉林

❸福井県三方低地から掘り上げられた杉の埋没木（若狭三方縄文博物館収蔵）

❹山口県宇生賀盆地から掘り上げられた杉の埋没木群

HAKOZAKI Masataka　国立歴史民俗博物館准教授（年輪年代学）【著書・論文】箱﨑真隆・橋本雄太編『REKIHAKU　特集：推定不能』（国立歴史民俗博物館、2023年）、Hakozaki M, Miyake F, Nakamura T, Kimura K, Masuda K, Okuno M, Verification of the annual dating of the 10th century Baitoushan Volcano eruption based on an AD 774–775 carbon-14 spike, Radiocarbon, 60(1), pp261-268, (2018)　【趣味・特技】筋トレ、カメラ

Kaleidoscope of History

A Photographic Introduction to Items from the Collection "Shini-e"

Portraits of the Deceased

YAMADA Shin'ya

Shini-e are a genre within the *yakusha-e* – *ukiyo-e* woodblock prints that depict actors. And even today, I cannot forget the powerful impression of my first encounter with these *shini-e*. After all, they are depictions of deceased actors. Yet, they are not *yūrei-ga* (prints of monsters, ghosts and goblins, also known as *yūrei-zu*), as every actor is shown wearing a funeral robe. Looking at them from a present-day perspective, these pictures somehow felt bizarre.

Shini-e are *nishiki-e* that were produced to announce the death of a *kabuki* actor or other celebrity, as well as to pray for the repose of the deceased's soul. The *shini-e* were mostly produced from the mid-Edo period to the end of the Meiji period.

Nowadays, when a popular actress or actor dies, the photos used in media outlets usually show them in a well-known scene from their career. On the other hand, one characteristic of *shini-e* is that they show the late actor wearing a funeral robe and include other motifs and symbols considered to

❶ *Shini-e* for Nakamura Kanjaku II*

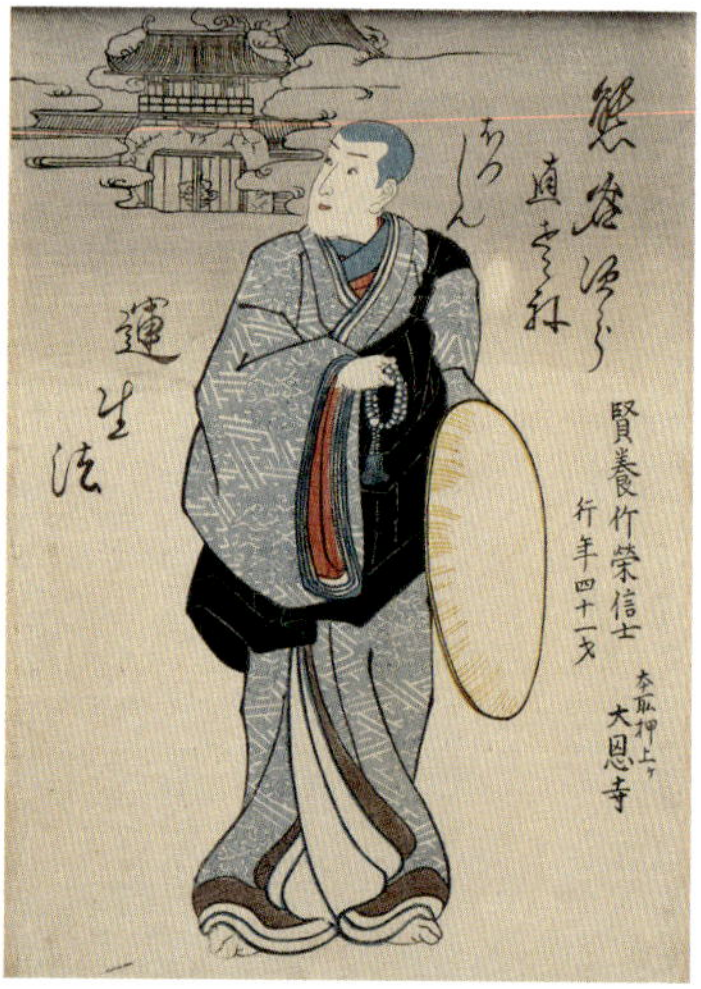

❷ *Shini-e* for Ichimura Takenojō V*

represent death, such as the banks of the Sanzu River as the mythological border of the afterlife, lotus flowers [❶], and buildings in paradise [❷]. Further, these pictures include details like the date of death, the deceased's Buddhist dharma name, the temple at which the burial was conducted, and a death poem (*jisei*) [❸], making it clear that they are *shini-e*. But since *shini-e* were made to inform patrons about an actor's death, they often were produced in a hurry and thus not rarely gave a wrong dharma name or temple, but sometimes were even mistaken about the date of death. In fact, matching a befitting dharma name was what kept up the appearances of *shini-e*.

Like this, typical *shini-e* showed a figure clad in a light blue – known as *asagi-iro* – robe. This *asagi-iro* was the color of burial robes in those days, and the dead frequently were additionally be clothed in formal robes called *kamishimo* [❹] . In the case of an *onnagata*, an actor who played female roles, this would not be

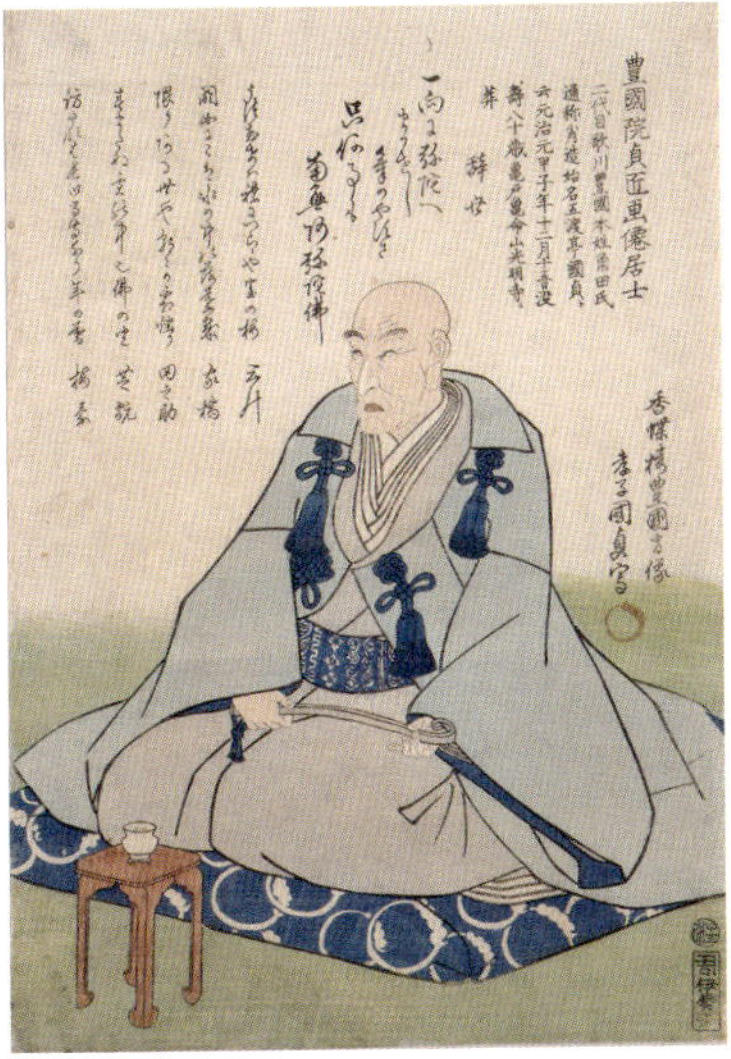

❸ *Shini-e* for Toyokuni III*

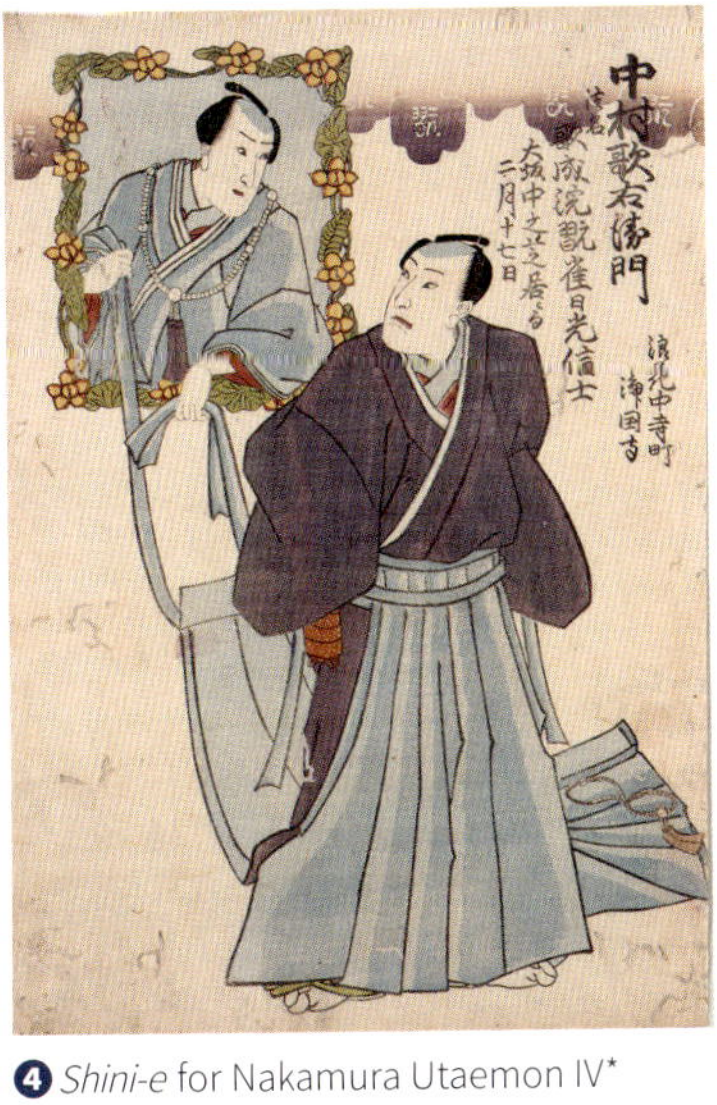

❹ *Shini-e* for Nakamura Utaemon IV*

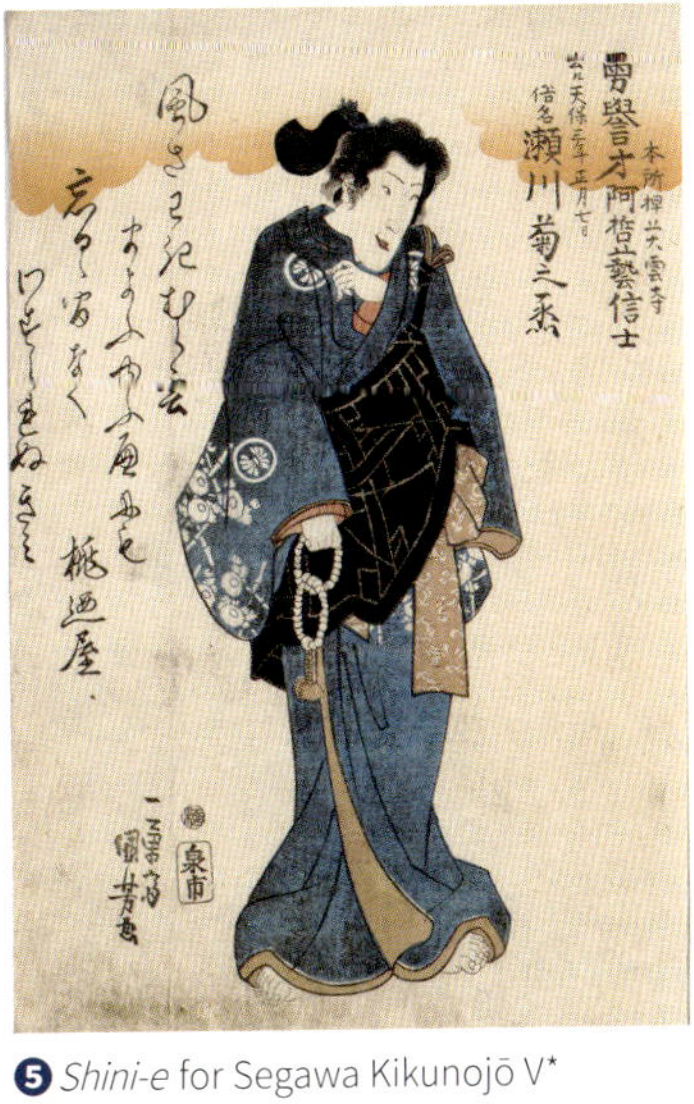

❺ *Shini-e* for Segawa Kikunojō V*

limited to a *kamishimo*, but might also include a *kesa*, a black Buddhist robe [❺].

Additionally, it was common for the depicted figures to be holding Buddhist prayer beads [❻] and a sprig of *shikimi* (Japanese anise). The *shikimi*, also referred to as *kōge* or *hana-no-ki*, is a fragrant evergreen whose leaves open in a way not dissimilar to the lotus flower and it was used in funerals and Buddhist ceremonies throughout the year. By giving the departed props that are associated with death, the pictures emphasize their passing.

❻ *Shini-e* for Ichimura Takenojō V*

Since nearly all *shini-e* show figures in these funeral robes, they are not very popular in art history. This can be seen in the words of one commentator: "The deluge of cheap works with *asagi-iro* funeral robes gave rise to terms like "*shini-e*", undoubtedly contributing to a lowering of the prestige of such works..." (Hayashi Yoshikazu, *Shini-e kō – sono ue — shini-e no hasseiki to sono tenkai –* [A Study of *Shini-e*: Volume I — The Period of the Emergence of *Shini-e* and Their Development]). However, viewed from the standpoint of folklore studies, this way of representing death is not only allows to shed light on the image of death and funerals at that time, but also serves as source for inferences on methods of depicting the deceased.

If one looks at *shini-e* carefully, a variety of small objects like incense burners [❼], lotus flowers, vessels with *shikimi* arangements [❽], death poems, scrolls, sutra desks [❾] and other Buddhist items can be found around the picture, speaking for the artists' ingenuity in refining their works. Influenced by the legend of Chuang Tzu's (also Zhuang Zhou or Zhuangzi) butterfly dream, some *shini-e* also include butterflies as symbols of the fleetingness of life.

Even *shini-e* that don't dress their deceased in funeral robes differ from usual *yakusha-e*, as a variety of devices are used to form an association with death. In particular, numerous actors are drawn in pictures shaped after the *nehan-zu* called image of the reclining Buddha, which is a depiction the death of the Buddha Shaka and his entrance into the state of nirvana [❿ · ⓫]. Some of these *nehan-zu* show disciples and animals grieving over Shaka's death. And likewise, *shini-e* at times included scenes of fans, and sometimes even animals,

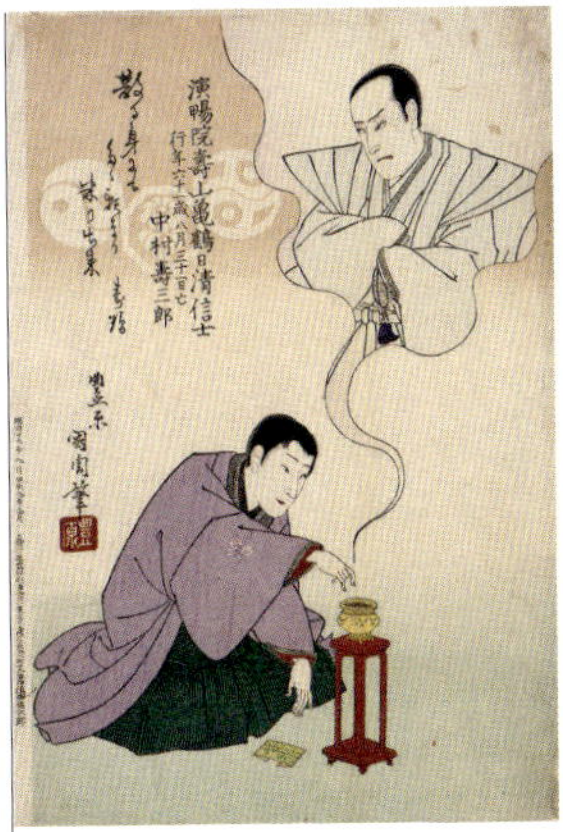

❼ *Shini-e* for Nakamura Jūsaburō III*

❽ *Shini-e* for Onoe Kikugorō V*

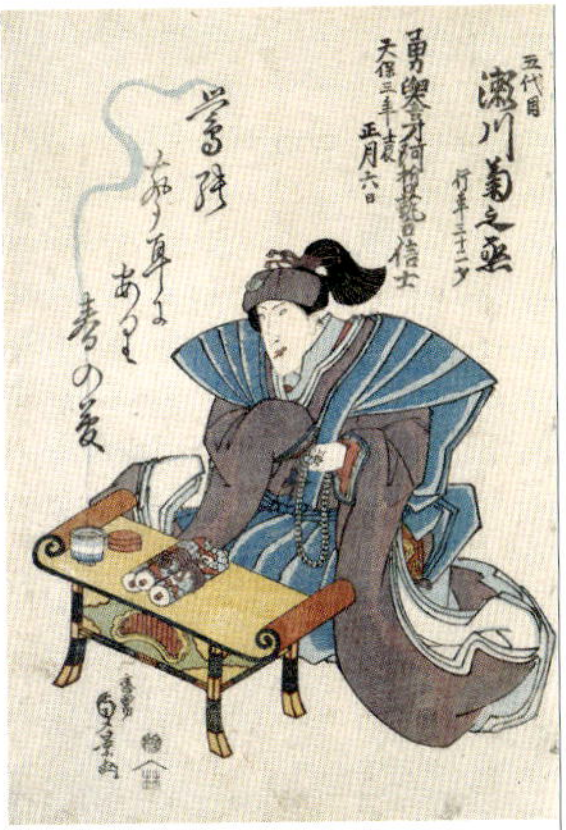

❾ *Shini-e* for Segawa Kikunojō V*

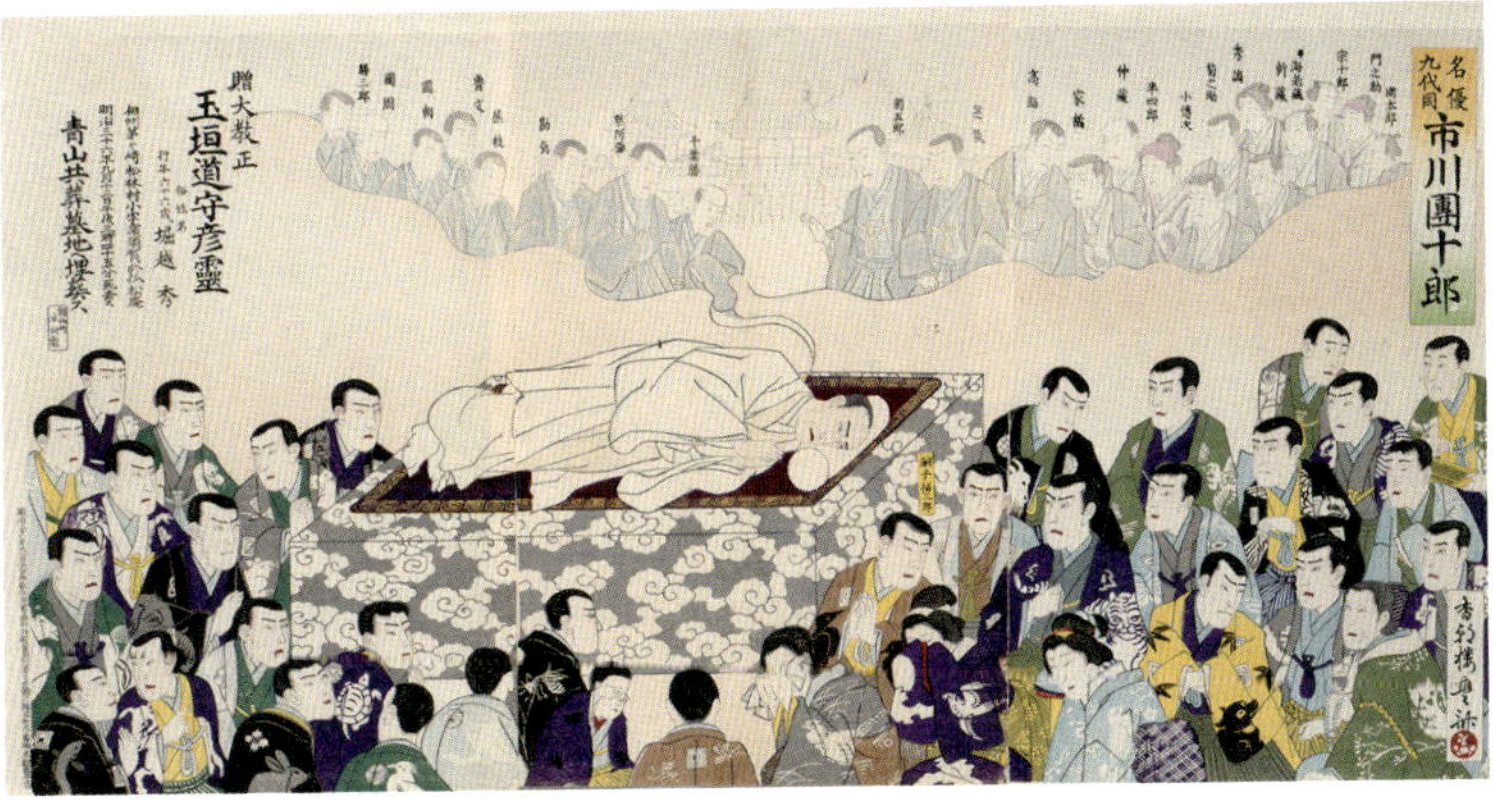

❿ *Shini-e* for Ichikawa Danjūrō IX*

⓫ *Shini-e* for Ichikawa Danjūrō VIII*

grieving over the actor's death. For them to appear in shini-e, such motifs speak for the familiarity of the people at that time with nehan-zu.

It is also not uncommon to find *shini-e* with motifs based on the journey of death [⓬]. Those may not only show actors who have already died earlier awaiting the arrival of the recently deceased, but may also depict hell and paradise, signposts to the Sanzu River, and the banks of the Sanzu River [⓭]. For example, a *shini-e* for Nakamura Utaemon IV shows Ichimura Takenojo V, Onoe Kikugoro III and others, all dressed in *kamishimo*, welcoming Utaemon, as he arrives on the banks of the Sanzu River in a palanquin. The two actors welcoming Utaemon both died within the previous three years, and the text in the center of the upper section of the picture reads "Picture of the welcoming of the Kanjaku Buddha into paradise [⓮]." The directions on the sides of the waymarker on the right edge of the picture stating "Sanzu River, the road to paradise," are what makes it abundantly clear that these indeed are the banks of the Sanzu River.

As photography became

⓬ *Shini-e* for Ichikawa Danjūro VIII*

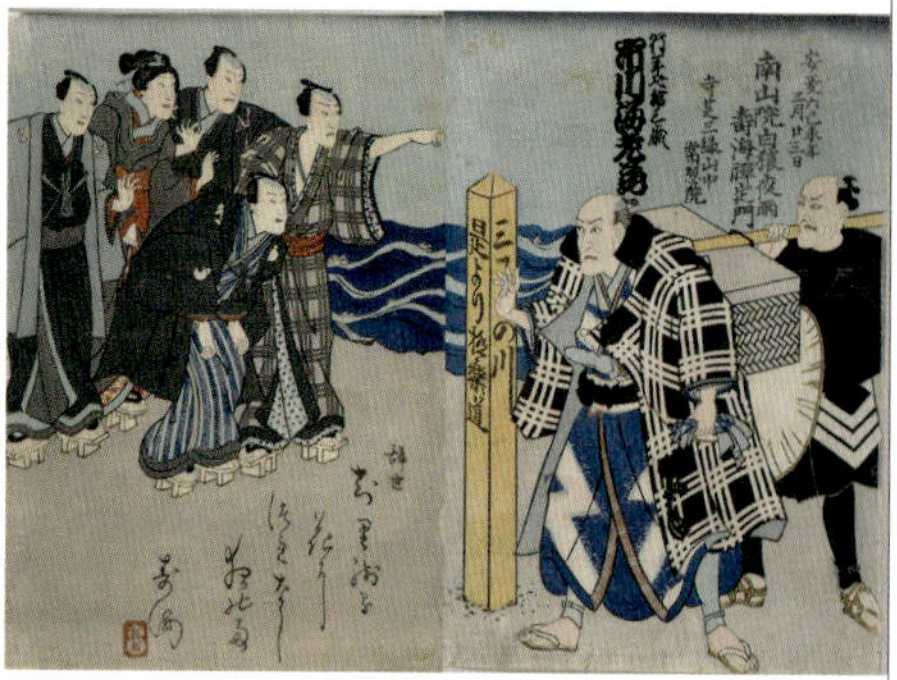

⓭ *Shini-e* for Ichikawa Ebizō V*

⓮ *Shini-e* for Nakamura Utaemon IV*

widespread during the Meiji period, the *shini-e* also changed. And as bromide portrait photographs gradually became more common, the publishing of *shini-e* came to a halt. With the advent of photography, *shini-e* also began to incorporate elements from portrait photographs, so that they gained a realistic aspect. Even so, they still retained the freedom of composition of *shini-e*. In a *shini-e* for Nakamura Hikaku I, Hikaku is depicted with a realistic facial expression and shown holding the memorial tablet in front of himself, giving the picture a composition that, for the early modern period, is unexpected and powerful [⑮].

⑮ *Shini-e* for Nakamura Hikaku*

This view on the postmortem existence, which recognizes dead actors as having departed into the afterlife by using their postmortem appearance, can relativize the self-evident nature of the current postmodern understanding, which contrarily uses photographs taken during the deceased's lifetime as posthumous portraits. Therefore, the *shini-e* become an important resource for examining ways of representing the dead.

Of course, *shini-e* are important materials for research into the history of theater as well, as they show how actors were regarded, what their surrounding environments were like, and what kind of relationships they had with the plays they appeared in. While these resources should be considered to be of significant value, it is also necessary to examine them from various perspectives.

YAMADA Shin'ya Professor, National Museum of Japanese History (Cultural Anthropology and Folklore Studies) [**Major Publications**] Yamada, Shin' ya et al. (eds.). *Muen shakai no sōgi to haka – shisha no kako, genzai, mirai* ['Funerals and graves in a society without ties: The past, present and future of the dead'] (Yoshikawa Kobunkan, 2022), *Gendai nihon no shi to sōgi – sōsai-gyō no tenkai to shiseikan no hen'yō* [Death and Funerals in Modern Japan: Developments in the Funeral Industry and Changing Views of Life and Death] (University of Tokyo Press, 2007). [**Hobbies and Interests**] Japanese Tea ceremony, Making adzuki bean paste coated botamochi rice cakes

日本語版は歴史系総合誌「歴博」第151号（2008年）掲載

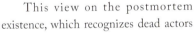

REKIHAKU

Special Feature: The World Seen Through a Camera Lens

EDITED BY the National Museum of Japanese History, KAWAMURA Kiyoshi and HIURA Satoko

CONTENTS

Special Feature: The World Seen Through a Camera Lens

REKIHAKU
特集
「カメラ越しの世界」

013

●発行
大学共同利用機関法人 人間文化研究機構
国立歴史民俗博物館

郵便番号　285-8502
千葉県佐倉市城内町 117
電話　043-486-0123（代）

●編集
国立歴史民俗博物館／川村清志／樋浦郷子

●編集委員会
上野祥史／工藤航平（編集長）／佐川享平／中村耕作
樋浦郷子／松田睦彦／山下優介／若木重行

●翻訳協力
アルト・ヨアヒム

●撮影・画像調整（＊印）
酒井康平・井上香里

●タイトルロゴデザイン
和田悠里

●デザイン
ヤマダデザイン室

●写真（特集対談・石出奈々子のれきはく！探検）
junko（ダルクモデルズアンドファクトリー）

●印刷・製本
モリモト印刷

ISBN978-4-86766-059-1 C0021
2024 年 10 月 26 日発行

●発売・編集協力
株式会社　文学通信

郵便番号　113-0022
東京都文京区千駄木 2-31-3　サンウッド文京千駄木フラッツ 1 階 101
電話　03-5939-9027

REKIHAKU
▶ note　https://note.com/mag_rekihaku

編集後記

専門的な写真撮影も、写真研究の経験もない私が、今回の特集に思い至ったのは、一重に写真メディアのあまりの身近さに、潜在的な危機感を持つに至ったから、ということに尽きます。さまざまな時代や場所に残された写真とそこに刻印された記憶や技術の展開過程を振り返るこの特集を通じて、改めてこのメディアの課題と可能性、そして、危険性の一端を考え直したいと思っています。　（川村清志）

編集期間中に介護休業を取得しました。そのことで川村前委員長、工藤現委員長はじめ、委員のみなさまにさまざまな仕事を引き受けていただくことになり、大変心苦しい思いでした。改めて、刊行に至りましたことに心から感謝を申し上げます。今号も、本館の刊行物らしく「そこを？」という点を見つめる豊かな視点の詰まった1冊です。一人でも多くのみなさまに読んでいただけることを祈っています。（樋浦郷子）

次号予告　2025年2月刊行

特集 「3次元の世界（仮）」

新しい情報メディアの登場は、われわれの行動や感覚を変えてきた。昨今は、3Dデータが普及しつつある。体感性の高い3Dデータは、われわれの感覚や認識をどのように変えてゆくのだろうか。文化財を中心に、さまざまな分野での利用の現状を紹介しつつ、今後の展開を見通してみたい。

（上野祥史）